だいわ文庫

京大現代文で
読解力を鍛える

出口 汪

大和書房

はじめに

本書は『東大現代文で思考力を鍛える』の続編である。前作は、幸いにして読者諸氏よりご好評をいただくことができた。現代を生き抜く教養を身につけるためには、入試現代文が有用であるという主張に首肯《しゅこう》していただけたのではないかと思う。

『東大現代文〜』において、私は、東大の入試問題の特徴が「反権力」であると指摘した。政治家、官僚をはじめとする「権力者」の大半が東大出身者によって占められているにもかかわらず、その東大の入試問題は「反権力」や「既成の価値観を揺さぶるもの」が多く見られる。

それに対して、京大現代文は、やはり「京大らしさ」を如実に伝えている。

私が考える**京大の最も魅力的な点は、創立以来謳われる「自由の学風」**である。エリート意識・権力志向の側面がある東京大学と比較して、京大には権力から離れたところで静かに、じっくりと学問に勤しむ文化風土があるのだ。この学風こそが、単なる受験秀才ではなく「異才」を輩出する京大の秘密であろう。

京大現代文で鍛えられる「真の読解力」

そこで、今回『京大現代文で読解力を鍛える』をお送りする。

「京大現代文」で鍛えられる「読解力」とは一体どういうものなのであろうか？

ここでいう「読解力」には二つの意味がある。

まずは、**その文章の論旨を正確に理解するための「論理的読解力」**である。

これは入試で高得点を獲得するための受験用のテクニックというだけでなく、ビジネスパーソンにも必須の、この社会を生き抜くために役立つ能力だ。

「京大国語」が大学入試国語の中でも最難関とされていることは有名である。かつて、旧仮名遣いや漢文の知識を必要とする「近代文語文」が頻出だったということも、難関であることに一役買っているだろうが、もちろんそれだけではない。

京大現代文は、文章への「深い読解」を要求してくるのだ。

「表面的・主観的な読み方」では、決して太刀打ちできない。筆者の主張を正確に掴む読解力と、それを記述で表現する力が問われているのである。

そこで、本書では京大入試で実際に出題された記述問題のなかから、より理解を深めるために適しているものを厳選し、掲載している。解答文を作成することで、論旨を正確に読み解き、さらにそれをわかりやすく他者に伝えるための論理力を、インプット・アウトプットの両面から鍛えることができる。

それと同時に、**世界を「読み解く」ための広義の「読解力」**を鍛えることができる。この能力は、「教養」とも言いかえることができるだろう。今日的な社会問題をテーマにした評論が頻出の東大とは異なり、**京大現代文には、「教養とは何か」「人生とは何か」といった、物事の「根源」を問い直すような、哲学的な洞察を要求する文章が多い。**

「最先端」を追ってしまいがちな現代社会において、「一歩立ち止まり、根本から物事を問い直す」というどっしりとした思考法は、流されずに世界を見通すために有用であろう。

世界を読み解くための名文たち

本書では過去三十数年の京大入試問題から、「読解力」が鍛えられる名文を徹底的に選び抜いた。それぞれの問題と著者について簡単に説明しよう（敬称略）。

第一章では、京大が受験生に求める「資質や能力」を、問題文から考察する。

古今東西の異端芸術やオカルティズムに精通した**知の巨人・澁澤龍彦**は、「おもちゃ」について考察することで、常識にとらわれない「自由な発想」とは何かを教えてくれる。

九十九歳で逝去するまで、実に八十年間、現役として生き抜いた**作家・野上弥生子**は、異国に旅立つ息子への書簡の中で、「真の教養とは何か」について語りかけている。

京都学派の創始者である**日本を代表する哲学者・西田幾多郎**は、強靭《きょうじん》かつ柔軟な思考を身につけるための「読書法」を公開している。

夏目漱石門下でもあった**異色の物理学者・寺田寅彦**は、「化物」を例にして科学万能主義に警鐘を鳴らすと同時に、「未知のもの、不思議なもの」に対する感受性が、新しい発想を生むために重要であると説いている。

第二章は、「近代」を乗り越えるための、文学・芸能の格闘である。

京大に限らず、大学入試の現代文では、明治期に西洋から輸入された「近代の価値観」とその行き詰まり、そしてそれをどう乗り越えるかという問題意識にまつわる文章が頻出だ。この問題意識を知っておくだけで、人文・社会科学系の評論が読解しやすくなる。

森鷗外は、「近代西洋」と「東洋」の価値観の狭間で引き裂かれていた、当時の文化人たちの苦悩を、自身のドイツ留学の経験をもとに描いている。

国際的に高く評価されている**小説家・津島佑子**は、近代文学の手法に染まっている私たちが見失った「口承文学」に、新たな文学の可能性を見出している。

能楽者・安田登は、能を通して、私たちの中に眠る「神話性」の読み解きを試みる。能が秘める「深遠さ」「奥深さ」が垣間見える、ワクワクする文章だ。

第三章では、「人生」について深く洞察するための文章を紹介する。

詩人・石原吉郎が語る、ソ連強制収容所での想像を絶する苛酷な体験は、現代日本に生きる我々の人生観に多くの示唆《しさ》を与えてくれるだろう。

詩人・長田弘は、ヨーロッパを巡る思索の旅の中で見出した、「支配者に騙されない、真に自由な生き方」について教えてくれる。

そして**歌人・上田三四二**は、無力な我々が、いかに権力に抵抗するかを中世の歌人・西行の所作から導き出している。

第四章は、近代文語文の出題である。近年出題が減ったのは残念であるが、論理的読解力を鍛える絶好のトレーニングになる。ここでは、**福沢諭吉と国文学者・山口剛**の文章を厳選した。いずれも京大らしい歯ごたえのあるものだ。

福沢諭吉の文章は近代の延長線上にある現代の危機について、その本質から紐解いた予言の書である。その慧眼《けいがん》には驚かされる。山口剛の文章は逆説に充ちた、機知に富んだ名文で、これほどの技巧を自在に操る才能は驚嘆に値する。

いずれの問題文も、文章を読む楽しさ、深く考えることの面白さを十分に教えてくれる。文章を味わい、楽しみながら読み進めていってほしい。

出口 汪《ひろし》

目次

第2章 文化を読解するための3問

第3章 人生について深く洞察するための3問

第4章 近代文語文で論理力を鍛えるための2問

第1章

京都大学合格基準

入試問題から、京大が求める人材を考える

2009年度
（理系）

玩具のシンボル価値

澁《しぶ》澤《さわ》龍《たつ》彦《ひこ》

Profile

一九二八年東京都生まれ。小説家、評論家、フランス文学者。『マルキ・ド・サド選集』（河出文庫）の邦訳刊行によって、サド研究者として認められる。また『夢の宇宙誌』（河出文庫）をはじめ、異端的文学・芸術、魔術・オカルティズムの紹介者として、若い読者層に大きな影響を及ぼす。『思想の紋章学』（河出文庫）、『高丘親王航海記』（文春文庫）など、その類を見ない作風は、没後もなお多くの読者を獲得している。

京大からノーベル賞受賞者が生まれる理由

この原稿を執筆している二〇一四年一〇月、京都大学卒の赤﨑勇氏がノーベル物理学賞を受賞した（天野浩氏、中村修二氏との共同受賞）。

日本初のノーベル賞受賞者である湯川秀樹氏をはじめ、朝永振一郎氏、福井謙一氏、利根川進氏、野依良治氏と、京大は、主に自然科学系で受賞者を多数輩出してきた。「数学のノーベル賞」ともいわれるフィールズ賞受賞者も三名輩出している。

これは、京大が創立以来築いてきた「自由の学風」に依《よ》る部分が大きいだろう。

エリートを養成する使命を持つ東京大学と比較して、京大には、自由な発想を重んじる学風がある。その「自由の学風」こそが豊かな創造力の源泉なのだろう。

そこで、まずは、いかにも自由を愛する京大らしい問題から始めようではないか。

テーマは「おもちゃ」である。

「サディズム」の語源となった小説家マルキ・ド・サドをはじめ異端芸術、魔術、オカルティズムを日本に紹介し、膨大な知識量で独自の世界観を創造した鬼才・澁澤龍彥の文章だ。

問題文

しかし人間というのは気まぐれなもので、人間の遊びは、決して玩具《がんぐ》によって百パーセント規定されるものではないのである。これは大事なことだと思うので、とくに強調しておきたいが、玩具のきまりきった使い方を、むしろ裏切るような遊びを人間は好んで発明する。そもそも遊びとは、そういうことではないかと私は思うのである。たとえば、汽車や自動車の玩具があったからといって、私たちはそれを必ずしも汽車や自動車として用いるとは限らない。もし戦争ごっこをやりたいと思えば、それを医療器具として利用するかもしれないのである。玩具がいかに巧妙に現実を模倣して、子供たちに阿諛追従《あゆついしょう》しようとも、子供たちはそんなことを屁《へ》とも思わず、平然としてこれを無視するのだ。

すべり台は、必ずしもすべり台として利用されはしない。私の家にも、かつて屋内用の折りたたみ式の小さなすべり台があったものであるが、私はこれをすべり台として用いた記憶がほとんどない。あんなことは、子供でもすぐ飽きてしまうのである。私の気に入りの遊び方は、すべり台のすべる部分と梯子《はしご》の部分とをばらばらに分解して、すべる部分を椅子の腕木の下に通し、それとT字形に交わるように梯子を設置して、飛行機をつくることだった。飛行機ごっこをすることだった。つまり、すべる部分が翼であり、梯子の部分が胴体なのである。梯子には横木がいくつもあるから、そこに腰かければ数人の子供が飛行機に乗れるのである。このアイディアは大いに気に入って、私はすべり台を私の飛行機と呼んでいたほどだった。ボードレールにならっていえば、「座敷のなかの飛行機はびくとも動かない。にもかかわらず、飛行機は架空の空間を矢のように速く疾駆する」というわけだ。

子供たちはしばしば、玩具の現実模倣性によって最初から予定されている玩具の使い方とは、まるで違う玩具の使い方をする。もう一つ、私自身の経験を語ることをお許しいただきたい。私は三輪車をひっくりかえして、ペダルをぐるぐる手でまわして、氷屋ごっこをやって遊んだことを覚えている。いまは電気で回転するらしいが、かつては氷屋では、車を手でまわして氷を掻《か》いたのである。

ここで、この私のエッセーの基本的な主題というべきものを、ずばりといっておこう。すなわち、玩具にとって大事なのは、その玩具の現実模倣性ではなく、むしろそのシンボル価値なのである。この点については、いくら強調しても強調しすぎることにはなるまい。玩具は、その名目上の使い方とは別に、無限の使い方を暗示するものでなければならぬだろう。一つの遊び方を決定するものではなく、さまざまな遊び方をそそのかすものでなければならぬだろう。すべり台にも、三輪車にも、その名目上の使い方とは別に、はからずも私が発見したような、新しい使い方の可能性が隠されていたのだった。つまり、これらの玩具には、それなりのシンボル価値があったということになるだろう。

私の思うのに、玩具の現実模倣性とシンボル価値とは、ともすると反比例するのではあるまいか。玩具が複雑巧緻《こうち》に現実を模倣するようになればなるほど、そのシンボル価値はどんどん下落するのではあるまいか。あまりにも現実をそっくりそのままに模倣した玩具は、その模倣された現実以外の現実を想像させることが不可能になるだろうからだ。その名目上の使い方以外の使い方を、私たちにそそのかすことがないだろうからだ。そういう玩具は、私にはつまらない玩具のように思われる。

出典：澁澤龍彥『太陽王と月の王』（大和書房）所収「玩具のための玩具」より

解説

京都大学は、二〇〇七年度入試より、「大問二」に関しては文系・理系で別問題を出題するようになった。この澁澤龍彦の文章は、その「大問二」で、理系受験者に向けて出題されたものである。

大人によって与えられた「遊び方」にとらわれず、自由な発想で、自分なりの遊び方を発明すること。そういった「子どもの想像力」こそが、自然科学の学徒には必要だと、出題者は考えたのであろう。ただ漫然と読み流すだけではなく、出題者のメッセージまで含めた読解をしてほしい。

「遊びの本質」とは何か？

遊びとはもともと自由なものである。楽しければ遊ぶし、楽しくなかったら遊びを止めるか、別の遊びに変えるだけである。

筆者はまず「玩具」という話題を提示する。

近頃の玩具はますます精巧になり、汽車や自動車であっても、本物に酷似している。

それを筆者は、**「玩具の現実模倣性」**と呼んでいる。

ところが、皮肉なことに、子どもたちは自由な発想で遊び方を発明するので、大人たちが意図した遊び方をするとは限らないのだ。

「人間というのは気まぐれなもので、人間の遊びは、決して玩具によって百パーセント規定されるものではない」と、筆者は指摘する。さらに、「玩具のきまりきった使い方を、むしろ裏切るような遊びを人間は好んで発明する」とも重ねて言う。

「玩具」が遊び方を決めるのではないのである。むしろ、**与えられた「遊び方」を裏切ることにこそ、人間は発想力を展開する**のである。

大人は判ってくれない

次にその具体例として、汽車や自動車の玩具の例を挙げている。たとえ、それらが現実の汽車や自動車と見紛《みまが》うほどに精密に作られていたとしても、そんなことは子どもたちには関係ない。彼らが戦争ごっこをやりたいと思えば、汽車や自動車は医療器具に早変わりしてしまうのだ。

「玩具がいかに巧妙に現実を模倣して、子供たちに阿諛《あゆ》追従《ついしょう》しようとも」とあるが、この「阿諛追従」という語を、京大は設問で説明させようとする。

阿諛追従とは、こびへつらうこと。玩具がどのように子どもにこびへつらおうとしているかは、「いかに巧妙に現実を模倣」という箇所で示されている。

つまり、**玩具を開発する大人たちは、玩具を本物そっくりに作ることで、子どもたちを喜ばせることができると思い込んでいるのだ。**だが、子どもたちはそうした大人たちの思惑をいとも簡単に裏切ってしまう。

その証拠として、筆者は自分の子どものときの体験を挙げる。

筆者はすべり台としての遊びにはすぐに飽きて、それを分解して飛行機を作ったのだ。子どもの遊びは、すべり台で作った飛行機に乗って、想像の世界の中で自由に羽ばたくことにあるのである。

それを筆者は、「悪の華」などで有名なフランスの詩人ボードレールにならい「座敷のなかの飛行機はびくとも動かない。にもかかわらず、飛行機は架空の空間を矢のように速く疾駆する」と述べている。子どもの自由な想像力が、すべり台を飛行機に変えてしまう。

「子供たちはしばしば、玩具の現実模倣性によって最初から予定されている玩具の使い方とは、まるで違う玩具の使い方をする」のである。

「自由な発想」を生む玩具とは

後半、筆者は主題を提示する。このように親切に「主題」が明示されることは珍しいが、この部分は特に集中して読解してほしい。

「玩具にとって大事なのは、その玩具の現実模倣性ではなく、むしろそのシンボル価値なのである」

ここで言う「玩具の現実模倣性」とは、前述したように玩具を本物そっくりに作ることである。

「シンボル」とは「象徴」のことだ。**そして象徴とは、直接知覚できない抽象的な概念などを、それを連想させる具体的なもので間接的に表現することである。**

たとえば、「平和」という概念は、一般に鳩という具体的な個物によって表現されるから、「鳩は平和の象徴である」という。

玩具を現実の事物に近づけることが重要なのではない。現実に近づけ、玩具を限定的なものにすれば、その玩具から連想される「可能性」は排除されていくのである。

このことは「玩具が複雑巧緻に現実を模倣するようになればなるほど、そのシンボル価値はどんどん下落するのではあるまいか」という文章にも表現されている。

玩具のシンボル価値が高まるほど、子どもたちは自由に想像の翼を広げて遊びの工夫をすることができる。

筆者にとって価値ある玩具とは、子どもたちに無限の遊びを「そそのかす」存在なのである。

問　筆者は「玩具のシンボル価値」について、どのように考えているか、説明せよ。

解法

「玩具のシンボル価値」を説明するのではなく、それに対する筆者の考えを説明するのだから、注意が必要である。

京大入試では、問題文だけでなく、しっかりと設問を読解することも重要だ。何が要求されているのかを的確に捉えなければ、ピント外れな答えを書くことになる。

ここでは、筆者が「シンボル価値」の性質について述べている部分を捉えよう。

まず、第四段落である。

「玩具は、その名目上の使い方とは別に、無限の使い方を暗示するものでなければならぬだろう。一つの遊び方を決定するものではなく、さまざまな遊び方をそそのかすものでなければならぬだろう」

さらに、最終段落。

「玩具が複雑巧緻に現実を模倣するようになればなるほど、そのシンボル価値はどんどん下落するのではあるまいか。あまりにも現実をそっくりそのままに模倣した玩具は、その模倣された現実以外の現実を想像させることが不可能になるだろうからだ」

要約すると「玩具の様々な使用可能性」についてと「現実に近づければ近づけるほど、その可能性が狭まる」という点が、筆者のシンボル価値についての考えである。

この二点をまとめたのが答えだ。

解答

「玩具のシンボル価値」とは、その玩具本来の使い方とは別に、様々な遊び方を自由に想像させるものであり、あまりにも現実を複雑巧緻に模倣した玩具はシンボル価値が低く、子どもの想像力を刺激しない。

私が子どもの頃は、今のような精巧な玩具など手に入らなかった。私が夢中になった遊びの一つが、紙で作った船による競走である。

今でも思い出すのだが、田圃《たんぼ》の用水路に様々な紙の船を並べて、競走させるのである。

船遊びの日は、朝の新聞配達が来るのが待ち遠しかった。なぜなら、船は新聞に挟まれた広告紙で作ったからだ。つるつるの厚い紙、ざらざらの薄い紙と、船の材料となる紙の質によって作戦が異なるのである。厚い紙は頑丈な分だけ壊れにくいが、重たくて遅い。逆に薄い紙は軽くて速いが、壊れやすい。どちらを選ぶかはレース場の状態による。

前日に雨が降り、水かさが増しているときは、少々重たくても頑丈な紙の方が有利だが、水の流れが緩やかなときは軽い紙で作った船の方が有利である。またレース場の距離が短いときは軽い紙、長いときには頑丈な紙の方が勝つ可能性が高い。

ある日、一人が船の底にロウを塗ってみた。すると、船の強度が格段に上がったのである。まさにイノベーションだ。

そのときの私たちの興奮は最高のものだったことを今でも覚えている。遊びとは、想像力の賜物《たまもの》だったのである。

今の精巧な玩具は、子どもたちの想像力を育むために機能しているだろうか？

昨今の携帯ゲームやテレビゲームは、ネットワーク通信などの最新技術で、様々な遊び方を提供しているし、海外のユーザーともつながることができる。グラフィックもかつてのものとは比較にならないほど美麗だ。エンターテインメントとして優れていることは間違いないだろう。子どもたちが魅了されるのも理解できる。

だが、それは大人によって人為的にプログラムされた「シンボル価値の低い」玩具なのではないだろうか？

入試問題からは、京大が自由な発想力を持った学生を求めていることが見えてくる。

子どもの頃から詰め込み勉強と、ゲームばかり。そうやって育った受験生に、京大の入試問題は「本当にそれで自由な発想ができるのか」と語りかけている。

2004年度

ローマへ旅立つ息子に

野《の》上《がみ》弥《や》生《え》子《こ》

Profile

一八八五年大分県生まれ。小説家。一九〇〇年に上京し明治女学校に入学。同郷の野上豊一郎（英文学者・能楽研究者）を通じ寺田寅彦、夏目漱石に私淑。女学校卒業後、豊一郎と結婚。処女作「縁」を発表。『迷路』（岩波文庫）、『秀吉と利休』（新潮文庫）など多数の傑作を著す。法政大学女子高等学校名誉校長も務め、「女性である前にまず人間であれ」の言葉を残す。九十九歳にて逝去する間際まで現役として活躍した。

旅立つ息子に語る「真の教養」

野上弥生子は、夏目漱石の推薦で発表した「縁」という作品でデビューしてから、九十九歳で亡くなる間際まで、実に八十年間、現役作家であり続けた。

問題文はイタリア留学に旅立つ息子に送った書簡である。

今よりも「海外」が遠かった時代。異国の地で勉学に励もうとする息子に、作家として「真の教養とは何か」について問いかけ、母としての愛情を込めた激励を送っている。ぜひとも若い読者に読んでほしい、優しくも厳しい名文である。

なお、この書簡は、京都大学名誉教授であり、イタリア文学者の長男・野上素一氏に向けて書かれている。次男は東京大学教授で物理学者の野上茂吉郎氏、三男は東京大学教授で物理学者の野上燿三氏、まさに教養満ちあふれる家庭を築き上げたのであろう。

また、この手紙が昭和十一年のものであることにも着目してほしい。

昭和十一年は二・二六事件が起こった年。日本が戦争へと突入していった時代だ。右傾化が進みつつある現代日本においても、示唆に富む内容になっている。

問題文

次の文は、昭和十一年に作者が、イタリアに留学する息子に送った書簡文からの抜粋である。よく読んで、後の問に答えよ。

若い潑剌《はつらつ》とした感受性と疲れを知らない理解力であらゆることを知り、探求し、学び取ることは、まことにあなた方に課せられた、またそれ故にこそ意義ある愉《たの》しい征服ではないでしょうか。それとともに忘れてはならないのはあなた方の吸収した専攻学科の知識をただそれだけの孤立したものとしないで、人格的な纏《まと》まりのある一つの立派な教養にまで押しひろげるように心掛くべきことだと信じます。

それではなにが教養かということについてはいろいろ複雑な規定を必要とするでしょう。しかし最も素朴な考え方をすれば、知識が単に知識として遊離しないで総合的な調和ある形で人間と生活の中に結びつくことだといってよいだろうと思います。普通それとともに対句のように並べられる趣味と非常に似通っているようで内容的に遠い距離がその間にあるのも、それはただ生活と事物のほどよい味わい方を知ることであり、これはもっと根の深い積極性をもっているためであります。同時にまた趣味のある暮らし方をするということが、有閑的な無駄な消費生活と見做《みな》されるように、教養も尊敬の代りに軽蔑と反抗で否定されかねない場合があります。遠くはフランス革命のあとに見出された、近くはまたロシア革命の直後にもっとも過激に生じた現象によって、また一層手近い昭和五、六年を頂点として日本の社会にも氾濫《はんらん》したマルキシズムの洪水の中に見た例で、私たちはそれをはっきり知ることが出来ます。パンの問題がただ一つの社会的なむしろ人生的な関心であった当時の若い人々にとっては、教養などという言葉は虫の喰《く》った古代語に過ぎない上に、寒暑を凌《しの》げば足りる着物に余計なひだ飾りをつけたり、儀容を張ろうとして芝居の衣裳めいた陣羽織や外袍《がいとう》を着たりすると同じくらいに異様に贅沢で滑稽にさえ感じられたのです。そうして錦繍《きんしゅう》や宝石がブルジョアに専有された剰余価値を形象化したものであるように、教養もまた他の優雅な趣味とか高い徳操とかと等しく、不当所得の拵《こし》らえあげたものに外ならないと考えようとしたのでした。この気早い断定も若い一図《いちず》な憤激の迸《ほとばし》りとして十分同情的に見得た人々も、彼らの否定が教養から知識にまで喰い込みそうな形勢を示した時には厳しく反対しないではいられませんでした。あなた方の高等学校からの友達が未練なく大学をやめたり、またやめさせられたりするのを見るたびに母さんもひそかに重い溜息をついた一人でした。逆巻く濁流に飛びこんで抜き手を切ろうとするには、泳ぐことに飽くまで熟練していることとともに、それを基礎づける強い体力と、より強い不撓《ふとう》な意志を必要とするのではないでしょうか。単なる興奮や勝利感だけでは決してドーヴァーを乗り切ることは出来ないのですから。しかし高みの見物ということがこうした場合いかに良心的に苦しいものであるかは十分察しられます。またそれを思い悩まないほど主我的に若いこころが圧《お》し歪《ゆが》められているとすればかえって怖ろしいことです。それにもかかわらず彼らの学業の抛棄《ほうき》に賛成することが出来なかったのは、人がそのおかれた位置を各自に守ることはいろいろな意味で非常に大切だと信じていたからでした。

これらの考え方はあまりに知識の偏重に陥ったものだと攻撃されそうな気がします。しかし現代の日本の高等学校ないし大学の教育で彼らが多すぎたことを怖れるほど豊富な知識が果たして与えられているでしょうか。豊富に見えながら単に雑多な、きれぎれの、基礎的なものから遊離した知的断片が押しこまれていないと誰が証明し得るでしょう。あなたの専攻した古典語に例を取ってみても、原語で『イリアス』や『オデュセイア』の読める人が果たして日本に幾人いるかと思われるくらいです。他の学問のことは多くをいう資格がないのですが、私は外国語を媒質として摂取されていた明治時代からの欧州文化の享受法について或る漠然とした疑惑をもっていた一人でした。一言にしていえば逆コースを駆っているような気がしてならなかったのです。ヨーロッパの学者たちは彼らの種々な学問に対して源泉からいとも自然に流れにそうて下るような便利な研究方法が取れるに反し、私たちはその末端《まったん》の渦のあいだで押し揉《も》まれたり、溺れかけたり、さんざ無駄をした後にどうかして上流に遡《さかのぼ》ってみなければならないと心づく時には、もうその時間も体力も残されていない状態になっています。むしろその水流がどこに発してどう集まり、どう迂曲しているかを知ることなしにその流域について論じたり、水勢や水色の変化を考えたりしている場合が多いのだと思います。それらは外国の文化の移植に際してその伝統の根本をなすものを全き繋《つな》がりのまま輸入する代りに、急場の必要に応じて枝を折ったり、樹皮を剝《む》いたり、葉だけ摘んで持ち込んだりした結果に外ならないのであり、私たちの日本に於ける明治初期のなんでも手っ取り早いことを第一条件とした享受の仕方は、その形態を特殊にしたとともに弊害と不備をも内在させたことは否定されないと信じます。なにか魔法じみた迅速さで手際よく拵らえあげた仮屋にそれがいつとなしに生じさせた雨洩《も》りは、教育者たちをして古来の淳風美俗《じゅんぷうびぞく》に汚点を印するものとして嘆かせ、為政者らはまた政治的ならびに社会的機構のすべてに亘《わた》って建てつけが狂いだしたのを見つけてあわてています。結句人々は取り入れ方の如何を考えるまえに取り入れたものが間違っていた、もしくはこれ以上に取り入れる必要はないほど十分取り入れたとして今度はかえってそれを排除することに努めようとしているのです。これに対して私はまえに高等学校や大学に於ける知識の偏重の問題に触れた時に提出した疑問をここでも再び繰り返したいと思います。

はじめ私は教養を素朴に規定して知識が単に知識として遊離しないで人間と生活の中に総合的な調和ある形で結びつくことだ、といったと思いますが、ここでもう少しくわしくいい直して、人々がよい教養をもつということはその専攻した知識を、もしくはさまざまな人生経験を基礎としてひろい世界についても周りの社会に対しても正しい認識をもつとともに、つねに新鮮で進歩的な文化意識に生きることだというところまでその円周を押しひろげたく思います。またそうすることによって教養が人間性の完成にいかに深い意義をもつかを証明することが出来るのですから。働いても働いても食べられないというような人間をなくするばかりでなく、耕地で土塗《ま》みれになったり、工場で綿埃《わたぼこり》をあびたりしている男たちや女たちが、仕事着を脱いで一服吸いつける時にはどんな高い知識や文化についても語り合えるような教養人になってこそはじめて立派な進歩した社会といえるのではないでしょうか。

出典：野上弥生子「ローマへ旅立つ息子に」（竹西寛子編／岩波文庫『野上弥生子随筆集』所収）

解説

書簡冒頭の文章は、すべての若者たちに捧げたい言葉だ。

「若い潑剌《はつらつ》とした感受性と疲れを知らない理解力であらゆることを知り、探求し、学び取ることは、まことにあなた方に課せられた、またそれ故にこそ意義ある愉《たの》しい征服ではないでしょうか」

あえて「征服」という言葉を使ったのは、自分の息子に対して、難解な知的領域に瑞々《みずみず》しい感性でもって果敢に挑んでほしいという強い思いがあるからだろう。「愉しい」という言葉が使われているのも、高度な学問に挑戦することは若者にとって義務や苦痛ではなくて、喜びであるべきだという思いが読み取れる。

この文章を出題したことに、京大の明確なメッセージが込められているように思える。

京大が問う「真の知」のありかた

学問は個々バラバラの知識の寄せ集めではなく、それが「人格的なまとまり」のあ

る教養にまで高められなければならない。

では、教養とは何か？

筆者は「知識が単に知識として遊離しないで総合的な調和ある形で人間と生活の中に結びつくことだ」とする。

ポイントは二つだろう。一つは**単なるバラバラな知識ではいけないこと**。もう一つは**それが人間と生活に結びつくこと**。

面白いではないか。

中学や高校での詰め込み式勉強に慣らされた受験生が、受験会場で懸命にこの問題文に取り組んでいるのだ。そんな受験生に問いかける。

あなたはこれから学問をするのですが、難解な知的領域に挑む覚悟がありますか？

それを楽しんでやることができますか？

自身の生活に結びついた深い教養にまで高めることができますか？

京大の入試問題は受験生に真の知のありようを問いかけるのである。

学問は「戯れ」にすぎないのか？

当時、真に学問に打ち込もうとする若者たちには、過酷な試練が待ち受けていた。昭和四年には世界恐慌が始まり、昭和五、六年を頂点として、マルクス主義（マルキシズム）が知識人の間に熱狂的に浸透してきた。

労働者が働いても働いても生活すらできないのは、労働者が生産した富の大半を資本家が搾取《さくしゅ》しているからだ。革命を起こして労働者の世の中を作ろうという思想は、当時の高等学校、大学にまたたく間に広がっていく。

実際、労働者の悲惨な現状を目の当たりにした若者たちは、いても立ってもいられない気持ちに駆られて、革命の熱に浮かされて学校を去って行った。

マルクス主義者にとってはパンこそが重要であって、趣味や教養とは衣食住が足りたブルジョアの戯《たわむ》れにすぎないとされたのである。

筆者の息子の周囲にもこうした若者たちが大勢いたことは想像に難《かた》くない。それでも息子には、周囲に流されず、**本物の学問を追究し、生きた教養を身につけてほしい**と願い、こうした手紙を送ったのだ。

筆者はこうした若者たちが抱える「高みの見物」でいることについての良心の呵責《かしゃく》に一定の理解を示しながらも、「逆巻く濁流」に飛び込み、泳ぎ切るためには、技術と体力と、強靱な意志を必要とするとし、彼らの学業の放棄には賛成できないと、その状況を嘆いている。

「よい教養をもつ」ことこそが重要だと考える筆者は、パンのための革命に身を投じて、学業を放棄する若者たちに胸を痛めていたのだ。

「うわべだけ」の西洋文化の輸入

筆者は当時の高等教育について、「豊富に見えながら単に雑多な、きれぎれの、基礎的なものから遊離した知的断片が押しこまれていないと誰が証明し得るでしょう」と述べ、これでは教養が育たないとしている。

そして、その理由を明治時代の**欧州文化の享受法**にあると看破《かんぱ》している。欧州の学者たちは源泉から自然に、「流れ」に沿うように学問を研究することができるのに対して、日本の学者はその逆のコースを辿っている。

ここでは水流、仮屋、建てつけ、雨漏りなどの比喩が巧みに使われており、作家としての本領が発揮されているが、論旨を的確に捉え、丁寧に読解してほしい。

要は日本の学問・文化の享受の仕方は、最新の結果・成果だけを性急に吸収しようとして、**その根源にある基礎的な部分や伝統を理解しようとしなかったために、様々な歪みが生じた**というのである。

実際、欧米の模倣から始まった殖産興業は生産力を飛躍的に高めはしたが、政治においても産業においても至る所に歪みが生まれ、それが次第に修復できないほど大きくなっていく。そうして、日本は戦争に駆り立てられていったのだが、そうした中で筆者は真の教養の必要性を説いている。

真の教養とは何か

最終段落で、筆者は真の教養とは何かを、第二段落の記述を踏まえて再度、発展的に述べている。

その内容が設問の答えとなるので、詳細は「解法」に譲るが、時代状況を鑑《かんが》みると、パンが何よりも大事だとする風潮に対して、**真の教養を身につけることこそが、逆に働いても食べられない人間をなくすことにつながる**と説いているのである。

出口厳選　理解が深まる良問

問　作者は「教養」とはどのようなものであるべきだというのか、簡潔にまとめよ。

解法

設問をよく読むと、「簡潔にまとめよ」とある。「まとめよ」とある限りは、複数の要点をピックアップして、それを端的に整理しなければならない。

まず第一・二段落に、「専攻学科の知識をただそれだけの孤立したものとしない」「知識が単に知識として遊離しないで総合的な調和ある形で人間と生活の中に結びつく」と書かれている。

さらに最終段落で「知識が単に知識として遊離しないで人間と生活の中に総合的な調和ある形で結びつく」と繰り返されているので、共通している「知識を孤立したものとせずに」「総合的で調和ある形で」という内容がポイントとなるのがわかる。

さらに、最終段落の「その専攻した知識を、もしくはさまざまな人生経験を基礎としてひろい世界についても周りの社会に対しても正しい認識をもつとともに、つねに新鮮で進歩的な文化意識に生きることだというところまでその円周を押しひろげたく思います」から、「社会に対して正しい認識をもつ」「新鮮で進歩的な文化意識に生きる」が次のポイントということになる。筆者が「教養」の性質を定義している箇所を、文章の論理を追って丁寧に探そう。

また、「教養が人間性の完成にいかに深い意義をもつ」とあるので、「人間性の完成」が最後のポイントである。

以上のポイントをまとめたものが答えになる。

解答

真の教養とは、専攻学科の知識を孤立させておくものではなく、総合的な調和のある形で人間と生活の中に結びついているもので、その知識や様々な人生経験を基礎として広い世界や周囲の社会を正しく認識し、常に新鮮で進歩的な文化意識に生き、人間性を完成させるためのものであるべきだということ。

土まみれになりながら働く労働者が休憩時に、高い知識や文化について語り合えるような教養人になってこそ、日本は初めて世界に誇れる進歩的な国になるのだと、言葉を結んでいる。

近代化にあたって、学問の前身となったものは、江戸時代の蘭学である。江戸時代は鎖国をしていたので、あらゆる西洋の学問はオランダ語の書物として日本に入って来た。だから、日本人にとって西洋のあらゆる学問は、オランダ語の翻訳に他ならなかったのだ。

開国後、オランダ語がフランス語・ドイツ語に代わり、そして英語となった。だが、学問が主に「翻訳」であることに変わりはなかったのである。

当時、大学に行くような知識人はほんの一握りであった。大学は翻訳機関であり、その翻訳対象によって、文学部、法学部、経済学部、理学部、医学部などに分かれた。知識人は西洋の学問からその成果だけを翻訳し、それをすべての日本人が徹底的に模倣した。その模倣のための訓練が、記憶・模写・計算だったのである。

西洋は自分たちの伝統・文化の中から、しっかりと根を張らせながら学問を追究したのだが、近代の日本においてはそうした方法が歴史的に育ちにくかったのである。

そうした状況を危惧したからこそ、野上弥生子は異国で学問をする息子に、しっかりとした真の教養を身につけるよう、手紙を書いたのである。

この文章の出題は二〇〇四年度であるが、人文系の学問が軽んじられ、右傾化が進み、「反知性主義」の懸念もある今日にこそ重要な指摘である。

この書簡の全文は『野上弥生子随筆集』（竹西寛子編・岩波文庫）に収録されており、以下の文で結ばれている。これから社会の荒波に立ち向かう若い読者に贈りたい。

身体に気をつけて病気をしないように、そうしてあなたの青春に思いがけなく恵まれた好機を十分に利用することを心掛けるとともに運命の女神は気紛れで仮借なく酷薄だということを忘れないでいらっしゃい。

〈中略〉

ではさようなら、九月の海があなたのためにどうか余り荒れないように、よい勉強と生活が地中海の空の下であなたを待っているように。母さんは、お父さまや弟たちと共に、それのみを祈っています。

昭和十一年八月十四日朝

2004年度

読書

西《にし》田《だ》幾《き》多《た》郎《ろう》

Profile

一八七〇年石川県生まれ。「京都学派」の創始者であり、日本を代表する哲学者。京都大学名誉教授。主著『善の研究』（岩波文庫）で、日本の哲学界にその名をとどろかせる。その後も七十五歳で亡くなるまでたゆまぬ思索を続け論文を発表。その哲学は「西田哲学」と呼ばれることになる。戦前から戦争直後まで多くの読者を持ち、日本の哲学界に大きな影響を与え、近年においても改めてその意味と性格が見直されている。

大哲学者の「読書の技法」

本書を、西田幾多郎抜きに進めることはできないだろう。「京都学派」の創始者であり、日本近代哲学の礎《いしずえ》を築いた日本を代表する哲学者である。

前項の補講で、かつての日本の知識人は、西洋からその成果だけを翻訳してきたと述べた。問題文で読んだように、野上弥生子もそうした風潮に異を唱えていた。だが、西田は若き日より「禅」を学び、東洋思想を自身のベースに、その上で西洋哲学を研究してきた。西洋の枝葉だけを享受するのではなく、あくまで東洋思想という地盤があったうえで西洋哲学を学んだのである。そして、その哲学は「西田哲学」と呼ばれ、日本近代思想史における初めての「独創的な哲学」と評価されている。

問題文は、そんな偉大な哲学者・西田幾多郎による読書論である。

真の教養を身につけるためには、どのように読書すべきなのか？

読解力を高めるためには、必読の文章である。血眼《ちまなこ》になって問題を解かんとしている受験生に、このような文章を出題する京大に拍手を送りたい。

問題文

偉大な思想家の思想といふものは、自分の考へが進むに従つて異なつて現れて来る。そして新たに教へられるのである。例へば、古代のプラトンとか近代のヘーゲルとかいふ人々はさうと思ふ。私はヘーゲルをはじめて読んだのは二十頃であらう、併《しか》し今日でもヘーゲルは私の座右にあるのである。はじめてアリストテレスの『形而上学《けいじじょうがく》』を読んだのは、三十過ぎの時であつたかと思ふ。それはとても分からぬものであつた。然《しか》るに五十近くになつて、俄《にはか》にアリストテレスが自分に生きて来た様に思はれ、アリストテレスから多大の影響を受けた。私は思ふ、書物を読むと云ふことは、自分の思想がそこまで行かなければならない。一脈通ずるに至れば、暗夜に火を打つが如く、一時に全体が明らかとなる。偉大な思想家の思想が自分のものとなる。私は屢《しばしば》若い人々に云ふのであるが、偉大な思想家の書を読むには、その人の骨《こつ》といふ様なものを掴まねばならない。そして多少とも自分がそれを使用し得る様にならなければならない。偉大な思想家には必ず骨といふ様なものがある。大なる彫刻家に鑿《のみ》の骨、大なる画家には筆の骨があると同様である。骨のない様な思想家の書は読むに足らない。顔《がん》真卿《しんけい》の書を学ぶと云つても、字を形を真似するのではない。

例へば、アリストテレスならアリストテレスに、物の見方考へ方といふものがある。そして彼自身の刀の使ひ方といふものがある。それを多少とも手に入れれば、さう何《ど》処《こ》までも委《くは》しく読まなくとも、かういふ問題は彼からは斯《か》くも考へるであらうといふ如きことが予想せられる様になると思ふ。私は大体さういふ様な所を見当にして居る。それで私は全集といふものを有《も》つてゐない。カントやヘーゲルの全集といふものを有たない。無論私はそれで満足といふのでもなく、又決してさういふ方法を人に勧めもせない。さういふ読み方は真にその思想家の骨髄に達することができればよいが、然らざれば主観的な独断的な解釈に陥るを免れない。読書は何処までも言語のさきざきまでも正確に綿密でなければならない。それは云ふまでもなく万人の則るべき読書法に違ひない。それかと云つてあまりにさういふ方向にのみ走つて、徒《いたづ》らに字句によつて解釈し、その根底に動いて居る生きものを掴まないといふのも、膚《ふ》浅《せん》な読書法といはなければならない。精密な様で却《かへ》つて粗《そ》笨《ほん》といふこともできるであらう。

何人も云ふことであり、云ふまでもないことと思ふが、私は一時代を画した様な偉大な思想家、大きな思想の流れの淵源となつた様な人の書いたものを読むべきだと思ふ。かかる思想家の思想が掴まるれば、その流派といふ様なものは、恰《あたか》も蔓《つる》をたぐる様に理解せられて行くのである。無論困難な思想家には多少の手引きといふものを要するが、単に概論的なものや末書的なものばかり多く読むのはよくないと思ふ。人は往々何々の本はむつかしいと云ふ。唯むつかしいのみで、無内容なものならば、読む必要もないが、自分の思想が及ばないのでむつかしいのなら、何処までもぶつかつて行くべきでないか。併し偉大な思想の淵源となつた人の書を読むと云つても、例へばプラトンさへ読めばそれでよいと云ふ如き考へには同意することはできない。唯一つの思想を知ると云ふことは、思想といふものを知らないと云ふに同じい。特にさういふ思想がどういふ歴史的地盤に於て生じ、如何なる意義を有するかを知り置く必要があると思ふ。況《ま》して今日の如く、在来の思想が行き詰つたかに考へられ、我々が何か新たに踏み出さねばならぬと思ふ時代には尚更と思ふのである。如何に偉大な思想家でも、一派の考へが定まると云ふことは、色々の可能の中の一つに定まることである。それが行き詰つた時、それを越えることは、この方に進むことによつてでなく、元に還つて考へて見ることによらなければならない。如何にしてかういふ方向に来たかといふことを。而《しか》してさういふ意味に於いても、亦《また》思想の淵源をなした人の書いたものを読むべきだと云ひ得る。多くの可能の中から或る一つの方向を定めた人の書物から、他にかういふ行き方もあつたと云ふことが示唆せられることがあるのでもあらう。

出典：西田幾多郎「読書」（岩波書店『西田幾多郎全集 第十巻』所収）

解説

私が大学受験現代文を教えるとき、常に指導していることがある。それは、**文章を読むときは「自分を一旦括弧《かっこ》に入れろ」**ということである。「括弧に入れる」とは、**「自明なものを自明とせず、疑ってかかる」**ということだ。

人間は主観から自由になることができない動物である。それゆえ、どんなに素晴らしい文章を読んでも、自分の価値観や狭い生活感覚でそれを再解釈し、その結果、「感動した」「くだらない」などと評価を下しがちである。

そうした読書の仕方では、何を読んでも自分の世界を深めることなど不可能である。そこで、自分の「主観」を括弧に入れて、偏見や思い込みを極力排除し、作者の意識で客観的に文章を読解する。その上で、今度は自分と作者の対話をする。それが作品の鑑賞であって、そのことで初めて自分の世界を深めることが可能になるのだ。

価値判断の基準を自分に置くのではなく、あくまで作者に置くべきである。作品を面白くないとか、難解だと思うのは、作品自体に問題があるのではなく、自分がまだ未熟であるからだと考えなければならない。

筆者はプラトン、ヘーゲル、アリストテレスの例を挙げ、「私は思ふ、書物を読むと云ふことは、自分の思想がそこまで行かなければならない」と述べる。プラトンを読んで理解することができないのは、自分の思想がそこまで行ってないだけで、プラトンの思想が誤っているからではない。そういった謙虚な姿勢で読書をしなければならない。

すると、同じ書物であっても、自分の成長に従って、答えてくれるものが次第に異なってくる。段々と理解できるようになってくる。それが書物を読むことの醍醐味ではないか。

そうやって、一人の偉大な思想家が分かれば、その思想全体を自分に生かすことができるようになる。

では、どのように思想を掴めばいいのか？

偉大な思想家の「真髄」を掴む読書術

筆者は思想家の骨を掴めと指摘する。

偉大な彫刻家には鑿《のみ》の骨、偉大な画家には筆の骨があると同様、偉大な思想家にはその骨となるものがある。

それさえ掴んでしまえば、すべてを読まなくても、彼ならばこう考えるに違いないと予想することができる。ゆえに、筆者は全集を持たないのである。

ただし、その骨を掴むことができない人がそのような読書の仕方をすると、主観的で独断的な解釈に陥ると戒めている。

さらに、言葉の隅々まで正確に読むことは当然だが、その一方で、**あまりに字句の解釈にこだわりすぎて、生き物である書物の真髄を掴むことができないのも膚浅《ふせん》（＝浅はか）な読解**だとしている。

「時代を変えた本」を読め

筆者の読書法がさらに続くのだが、私が特に面白いと思ったのは、「一時代を画した様な偉大な思想家、大きな思想の流れの淵源となつた様な人の書いたものを読むべきだ」と述べているところである。

こうした思想さえ掴まえることができたなら、その流れにあるものは自然と理解が進んでいくものなのだ。

思想というものは、他の思想との関連の中で生まれてくるものなので、一つの思想を知るだけではその思想を知ったことにはならない。そういう思想の「歴史的基盤や意義」まで知っておく必要があるのだ。

冒頭で挙げているプラトンはすべての西洋思想の源流であるし、ヘーゲルやデカルトといった哲学者たちは、今の我々の価値観に通ずる「近代的思考」の源流である。

在来の思想が行き詰まっている現代において、それを超えていくためには、逆にその源流に戻って改めて思考する必要がある。

そういった意味でも、思想の源をなした人の書物を読むべきなのである。

確かに様々な本の読み方があって当然だが、西田幾多郎の読書法は思想を体系づけた源流となる思想家の書物から、それに関連する書物へと関心を広げていくやり方であろう。さらに、書物を読む際に、その底に流れる思想の中核となるものをぐっと鷲《わし》掴みにするのである。

西田幾多郎が、西洋思想の模倣や翻訳だけではなく、源流である東洋的思想をベースに独創的な哲学を構築できたのは、こういった読書法があったからに違いない。

問　筆者はどういう読書法を勧めているか、簡潔に述べよ。

解法

京都大学の最後の設問の大半が要約問題である。

論旨を丁寧に追い、各段落から重要なポイントを掴もう。

第一段落のポイントは、「偉大な思想家の書物にある骨（＝真髄）を掴むこと」、第二段落は「細かい字句にこだわりすぎないこと」、第三段落は「大きな思想の源流となった複数の思想家の書物を読み、さらにはその歴史的地盤や意義を理解すること」である。

これらの要点をまとめたものが答えになる。それぞれの要素を見逃さず、端的にまとめることが重要である。

解答

大きな思想の源流となった偉大な思想家の書物を、細かい言葉づかいにこだわることなく、その真髄が分かるまで繰り返し読み、さらには一人の思想家だけではなく、それに関連した思想家の書物を読むことで、その思想の歴史的背景や意義まで理解するように努める読書法。

私事にて恐縮ではあるが、私が文学部の学生だった頃、指導教授から「一番嫌いな作家は誰か」と聞かれて、私は躊躇《ちゅうちょ》なく「森鷗外です」と答えた。

指導教授はにやりと笑い、「それなら、森鷗外を研究しなさい」と言い放った。

以後、私は大学三年から大学院の博士課程修了まで、七年もの間、嫌いな森鷗外と向き合う羽目になる。

当時、私は文学の研究者になるつもりだった。私が研究したかったのは、鷗外とは全く資質の異なる川端康成や太宰治だったのだ。

私が指導教授の真意を理解したのは、大学から離れた後だった。その時、すでに指導教授は鬼籍に入られていた。

森鷗外はまさに日本の近代文学の源流となった作家である。鷗外を研究することによって、夏目漱石が理解できるようになった。さらには、鷗外・漱石を学ぶことで、日本の「近代」について理解できるようになった。

太宰治は、かつて「小説家は聖書と鷗外全集さえ読めばいい」と言い放った。

もし、指導教授に強要されなかったならば、私は嫌いな鷗外を研究することはなかっただろう。鷗外が分からなければ、芥川も太宰も川端も理解したことにはならない。まさに鷗外はその後の作家たちの源流となる文豪だったからだ。

そして、私が鷗外を嫌いだった理由は、ことごとくひっくり返っていった。学生時代はまだ未熟で、鷗外を表面的にしか理解できていなかったのだ。私が成長するにつれて、鷗外は私に様々な顔を見せていった。

私の体験からも、西田幾多郎の読書法は納得できるものなのである。

近年、「難しいことをわかりやすく書くのが、本当に頭が良いということだ」という意見を耳にすることがある。確かに、この世には難解な用語をひけらかすだけの悪文も存在するので同意する部分もあるが、一方でこの意見は「自分が理解できないのは、作者が悪いから」という自分本位な考え方を孕《はら》んでもいる。

私は、この意見は傲慢であると思う。

少なくとも古典や名作と呼ばれる作品に関しては、作者への敬意を持ち、虚心坦懐の心持ちでぶつかっていくべきなのである。

1992
年度

化物の進化

寺田寅彦《てらだとらひこ》

Profile

一八七八年東京都生まれ。物理学者・文学者。熊本県の旧制五高で夏目漱石に英語・俳句を学ぶ。東大物理学科を卒業後、大学院に進み、音響学・地球物理学などの研究に従事。その後欧州（主にドイツ）に留学し、帰国後東大教授となる。地震学や地球物理学の領域で活躍する一方で、漱石を師と仰ぎ、多くの随筆（主に科学随筆）を残す。その業績は『寺田寅彦全集』『寺田寅彦随筆集』（共に岩波書店）にまとめられている。

世界は「化物」に満ちている！

寺田寅彦は当時の日本を代表する物理学者であり、夏目漱石の最古参の弟子でもある。科学と文学・芸術に精通した筆者ならではの「科学随筆」であり、自然科学の根本的な原理を論じた文章だが、それを新進気鋭の学者ではなく、寺田寅彦の格調高く、かつユーモアのある文章で出題したことが、実に京大らしいではないか。

科学者とは日々化物の正体を見極めようと、それと対峙している人間である。いくら仮説を使って論理的に説明したところで、化物が消滅するわけではない。また新たな顔をして、科学者の前に出現する。

ちなみに「化物の進化」は戦前（一九二九年）の作品であるが、今でも十分新鮮なだけでなく、高度に科学が発達したこの現代にこそ刮目《かつもく》すべきメッセージが込められている。今日では「科学」こそがあたかも絶対の真理であるかのように考えられているが、それが誤謬《ごびゅう》であることを「化物」を例に喝破《かっぱ》した、ラディカルな文章である。常識や社会通念にとらわれない真の読解力を鍛えるために、この文章から学ぶことは多いだろう。

問題文

人間文化の進歩の道程において発明され創作されたいろいろの作品の中でも「化物」などは最もすぐれた傑作と言わなければなるまい。化物もやはり人間と自然の接触から生まれた正嫡子であって、その出入する世界は一面には宗教の世界であり、また一面には科学の世界である。同時にまた芸術の世界ででもある。

いかなる宗教でもその教典の中に「化物」の活躍しないものはあるまい。化物なしにはおそらく宗教なるものは成立しないであろう。もっとも時代の推移に応じて化物の表象は変化するであろうが、その心的内容においては永久に同一であるべきだと思われる。

昔の人は多くの自然界の不可解な現象を化物の所業として説明した。やはり一種の作業仮説である。雷電の現象は虎の皮の褌《ふんどし》を着けた鬼の悪ふざけとして説明されたが、今日では空中電気と称する怪物の活動だと言われている。空中電気というとわかったような顔をする人は多いがしかし雨滴の生成分裂によっていかに電気の分離蓄積が起こり、いかにして放電が起こるかは専門家にもまだよくはわからない。今年のグラスゴーの科学者の大会でシンプソンとウィルソンと二人の学者が大議論をやったそうであるが、これはまさにこの化物の正体に関する問題についてであった。結局はただ昔の化物が名前と姿を変えただけの事である。

自然界の不思議さは原始人類にとっても、二十世紀の科学者にとっても同じくらいに不思議である。その不思議を昔われらの先祖が化物へ帰納したのを、今の科学者は分子原子電子へ持って行くだけの事である。昔の人でもおそらく当時彼らの身辺の石器土器を「見る」と同じ意味で化物を見たものはあるまい。それと同じようにいかなる科学者でもまだ天秤《てんびん》や試験管を「見る」ように原子や電子を見た人はいないのである。それで、もし昔の化物が実在でないとすれば今の電子や原子も実在ではなくて結局一種の化物であると言われる。原子電子の存在を仮定する事によって物理界の現象が遺憾なく説明し得られるからこれらが物理的実在であると主張するならば、雷神の存在を仮定する事によって雷電風雨の現象を説明するのとどこがちがうかという疑問が出るであろう。もっとも、これには明らかな相違の点がある事はここで改まって言うまでもないが、しかしまた共通なところもかなりにある事は争われない。ともかくもこの二つのものの比較はわれわれの科学なるものの本質に関する省察の一つの方面を示唆する。

雷電の怪物が分解して一半は科学のほうへ入り一半は宗教のほうへ走って行った。すべての怪異も同様である。前者は集積し電子となりプロトーンとなり、後者は一つにかたまり合って全能の神様になり天地の大道となった。そうして両者ともに人間の創作であり芸術である。流派が違うだけである。

しかし不幸にして科学が進歩するとともに科学というものの真価が誤解され、買いかぶられた結果として、化物に対する世人の興味が不正当に希薄になった。今どき本気になって化物の研究でも始めようという人はかなり気が引けるであろうと思う時代の形勢である。

全くこのごろは化物どもがあまりにいなくなり過ぎた感がある。今の子供らがおとぎ話の中の化物に対する感じはほとんどただ空想的な滑稽味《こっけいみ》あるいは怪奇味だけであって、われわれの子供時代に感じさせられたように頭の頂上から足の爪先《つまさき》まで突き抜けるような鋭い神秘の感じはなくなったらしく見える。これはいったいどちらが子供らにとって幸福であるか、どちらが子供らの教育上有利であるか、これも存外多くの学校の先生の信ずるごとくに簡単な問題ではないかもしれない。西洋のおとぎ話に「ゾッとする」とはどんな事か知りたいというばか者があって、わざわざ化物屋敷へ探検に出かける話があるが、あの話を聞いてあの豪傑をうらやましいと感ずべきか、あるいはかわいそうと感ずべきか、これも疑問である。ともかくも「ゾッとする事」を知らないような豪傑が、かりに科学者になったとしたら、まずあまりたいした仕事はできそうにも思われない。

出典：寺田寅彦「化物の進化」（千葉俊二・細川光洋編／中公文庫『怪異考／化物の進化』所収）

（注）シンプソン＝イギリスの気象学者。
ウィルソン＝イギリスの物理学者。
プロトーン＝陽子。

物理学者だけあって、非常に論理的な文章である。昭和初期の文章は私たちにとって多少は古めかしく感じられるかもしれないが、論理を追っていくとそれほど難解だとは言えないだろう。

まさに論理力が問われる問題である。

化物の正体とは

冒頭、筆者の主張を提示する。

「化物もやはり人間と自然の接触から生まれた正嫡子であって、その出入する世界は一面には宗教の世界であり、また一面には科学の世界である。同時にまた芸術の世界でもある」

筆者は化物を「人間と自然の接触から生まれた正嫡子」と断じる。我々人間が未知なる自然と接触する中で出会った、**常識では理解できない存在を便宜上「化物」と呼んでいるにすぎない**のである。

そして、化物が出入りできる世界は、宗教、科学、芸術の世界であると、筆者は指摘する。これはいったいどういうことか？

以下、筆者はこのことを論証しなければならなくなるのだ。

「文化装置」としての化物たち

第三段落の冒頭で、筆者は化物を「昔の人は多くの自然界の不可解な現象を化物の所業として説明した」と規定する。

古来より、人間は自身が理解できない不可解な現象を「化物」として説明してきた。例えば、天狗の正体は外国人であったとする有名な説があるが、これは船が難破し漂流した外国人（西洋系白人など）が日本に流れ着いて山に逃げ込んだというものである。

「化物」は、その時々の人々の考え方や社会常識を表象する「文化装置」なのである。

そして、科学が高度に発達した時代においては、こうした化物の出入りはその姿を変えていく。

「もっとも時代の推移に応じて化物の表象は変化するであろうが、その心的内容においては永久に同一であるべきだ」とあるのは、次に、宗教、科学、芸術と化物との関係を論ずるための布石である。

「世界を説明するもの」としての宗教と科学

自然界の不可思議さは、原始時代も現代も何ら変わりはない。筆者はその例として、雷電という現象を挙げる。なぜ雷が鳴るのかは、自然界の不可思議な現象の一つなのである（昭和四年当時）。

昔の人はそれを虎の皮の褌を着けた雷神の仕業《しわざ》であるとし、科学者はそれを電気による現象と説明する。

だが、雷神であろうと、電気であろうと、ともに姿形は見えないものであり、そうした仮説を元に自然現象を説明しようとすることにおいて何ら変わりはないのである。**まさに化物が一方では宗教となり、他方では科学という説明体系になったのである。**

「そうして両者ともに人間の創作であり芸術である。流派が違うだけである」と、筆者は指摘する。

こうして、筆者は化物が出入りする世界が、宗教、科学、芸術とつながっていることを論証したのである。

ここまでが前半。以下、このことを前提に、後半は次の結論を導いていく。

科学者に必要な「ゾッとする」感性

「しかし不幸にして科学が進歩するとともに科学というものの真価が誤解され、買いかぶられた結果として、化物に対する世人の興味が不正当に希薄になった」

ここから後半の主張である。

ここでの「科学というものの真価が誤解され」とは、本来科学は自然界の不可思議（化物）を仮説によって説明することにあるのに、**科学の発達の結果、自然界の不可思議は科学によってすべて解明することができると誤解されたた**ことである。

かくして、化物が姿を消しつつあるのだ。

昔は、子どもは化物の存在を信じ、「ゾッとする」感覚を持っていた。だからこそ、その謎を解明するために、立派な科学者が生まれたのだ。

ところが、科学に対する過度な信頼を抱いている今、子どもたちは化物を信じなくなってきたのである。

問　傍線部「作業仮説」は、どのような意味で用いられているか、本文の文意から帰納して説明せよ。

解法

論理力を試す問題である。

まず設問にある「帰納して説明せよ」に着目しなければならない。

帰納とは具体から抽象化して一般的な概念を導き出すこと。たとえば、物の落下運動、球が斜面を転がる運動、振り子の運動、そして、地球が太陽の周囲を回ること、これらの具体的な現象の共通点を取り出して一般化すると、すべての物と物とは引っ張り合うという万有引力の法則が導き出される。これが帰納法である。

その反対が演繹《えんえき》法で、万有引力の法則という一般的なものから、個々の具体的現象を説明する方法である。

「帰納して説明せよ」とある限り、次に具体的事例が提示されるはずで、それを一般化すればいい。

傍線直後に、雷電の現象の例がある。古代の人たちは雷電という自然界の不可思議な現象を、雷神という化物を想定して説明したのだが、その雷神はあくまで仮説にすぎないことを説明すればいい。

解答

古代の人が雷神という架空のものを持ち出して雷電という現象を説明したように、自然界の不可思議な現象について、分かりやすく説明するために持ち出した仮定という意味。

それは教育にとって致命的なのではないだろうか。

筆者は最後に、「ゾッとする事」を知らない豪傑は、自然界の不可思議に関する興味や好奇心がないのだから、大した科学者にはなれないと危惧している。

補講

問題文は昭和四年に発表されたものであるが、私が子どもの頃はまだ科学が信頼されていた時代であり、寺田寅彦の主張は思わず頷《うなず》かざるを得ないものだった。

科学が、多くの科学者の真摯《しんし》な研究の積み重ねで発展してきたことは言うまでもないし、我々はその恩恵を十分に享受してきた。

その一方で、科学こそが、万能で絶対の真理だという錯覚を抱くことで、「不思議なもの」「未知のもの」に対する畏怖《いふ》や好奇心が失われるという弊害もあることを、我々は承知しておくべきだろう。

しかし、東日本大震災や福島第一原発事故を経験した今の私たちは、「科学は絶対の信頼を置けるものではない」ということを、痛烈に理解させられてしまっている。

科学によって原子力を完全にコントロールできるという人間の傲慢さが、あの事故を生み出した原因の一つであるだろう。

だからといって「科学なんて幻想に過ぎない」という極端な反動も危険である。科学が絶対ではないからといって、いかがわしい神秘主義やカルト宗教に傾倒してしまうことも、科学に代わる新たな物語を信じているだけなのである。

必要なのは、「自然や科学との適切な距離感」と「偏見を極力排して、冷静に世界を見通すための教養」であろう。

「天災は忘れた頃にやってくる」というあまりにも有名なこの警句は、寺田寅彦の言葉だという。

夏目漱石門下であり、科学万能主義に警鐘を鳴らす異色の物理学者・寺田寅彦。彼の思考から我々が学ぶことは多い。

COLUMN

「京都」という風土

京都大学は、その名のとおり京都府京都市にその本部を置いている。

私は浪人時代、京都で下宿をしていたのだが、観光の街といわれる京都の面白さは、そこで暮らしてみることで、初めて実感できるのだと考えている。

京都の街では高層建築が制限されており、街の景観が実に落ち着いているのだ。しかも、至る所に昔の佇《たたず》まいを残す路地がある。少し大通りを外れると、たちまち古寺が姿を現す。金閣寺などの名だたる寺が、「自分の庭」のように身近なのである。

京都は盆地であるから、四方は山に囲まれている。四季折々に山々は姿を変え、まさに自然と一体となって生活している感がある。

西田幾多郎が思索をしながら散策をしたという「哲学の道」も実に京都らしい。

また京都は平安朝の都であったばかりでなく、幕末まで御所があり、特に幕末の動乱期は坂本龍馬や新撰組なども活躍し、至る所に歴史的な史跡がある。

それもまた京都の魅力の一つである。

東京という中央から一定の距離を置きながら、適度に都会であり、しかも、文化や歴史が身近に感じることができる。そして京都大学だけでなく、同志社大学や立命館大学など、数多くの大学が存在する学術都市でもあるのだ。

京都は古都であるだけでなく、哲学の街、学問の街なのである。

私も浪人時代に、京都で暮らしながら、文学について、歴史について、自分の将来について、嫌でも考えざるを得なかった。そんな街なのである。

本書の読者には高校生もいると思うが、事情が許すのであれば、京都の大学を進学の選択肢に考えてみてもいいのではないだろうか。

そうした京都から生まれる思想は決して中央の権力と結びついたものではなく、自ずと伝統文化に裏打ちされた深遠なものとなる。

京大現代文を読めば、そのことは十分理解されるだろう。

第2章

文化を読解するための3問

1980年度

妄想

森鷗外《もりおうがい》

Profile

一八六二年島根県生まれ。小説家、評論家。近代日本文学を代表する作家の一人。東大医学部卒業後、陸軍軍医となる。明治十七年からドイツへ留学。帰国後、留学中に交際していたドイツ人女性との悲恋を基に処女小説『舞姫』を執筆。以後、軍人としては軍医総監へ昇進するが、内面では伝統的な家父長制と自我との矛盾を抱えつつ、多数の作品を発表。主な作品に『青年』『雁』『阿部一族』『高瀬舟』『山椒大夫』など。

東洋と西洋の狭間で嘆く男の物語

明治四十四年、「三田文学」に発表された鷗外の随想で、今の受験生には少々古めかしい文体かもしれない。また、森鷗外についての最低限の知識がないと、冒頭の「留学三年の期間が過ぎた」の意味がピンとこない可能性がある。設問に説明がない以上、知識がなくとも解答はできるが、鷗外や漱石レベルの大作家の略歴は教養として知っておこう。

「妄想」は、四十九歳の鷗外が若き日のドイツ留学の頃を思い出して綴ったもので、それを「妄想」と名付けたこと自体が実に面白い。あのドイツ留学の三年は「妄想」だというのである。いや、鷗外にとって人生そのものが「妄想」なのかもしれない。

当時の日本は優秀な若者を官僚候補として官費で留学させていた。

鷗外の「独逸《ドイツ》日記」を読むと、行きは希望に満ちあふれ、意気揚々とした調子であるが、帰りの日記には深い憂愁が読み取れる。果たして留学中にどのような心境の変化があったのか。「妄想」にはそれを読み解くヒントが隠されているように思える。

鷗外の深い憂愁は、近代日本のそれへの吐息でもあったのだ。

問題文

兎角《とかく》する内に留学三年の期間が過ぎた。自分はまだ均整を得ない物体の動揺を心の中《うち》に感じてゐながら、何の師匠を求めるにも便りの好《い》い、文化の国を去らなくてはならないことになつた。生きた師匠ばかりではない。相談相手になる書物も、遠く足を運ばずに大学の図書館に行けば大抵《たいてい》間に合ふ。又買つて見るにも注文してから何箇月《なんかげつ》目《め》に来るなどといふ面倒は無い。さういふ便利な国を去らなくてはならないことになつた。

故郷は恋しい。美しい、懐かしい夢の国として故郷は恋しい。併《しか》し自分の研究しなくてはならないことになつてゐる学術を真に研究するには、その学術の新しい田地を開墾して行くには、まだ種々《いろいろ》の要約の闕《か》けてゐる国に帰るのは残惜《のこりを》しい。敢《あへ》て「まだ」と云《い》ふ。日本に長くゐて日本を底から知り抜いたと云はれてゐる独逸《ドイツ》人某は、此要約は今闕けてゐるばかりでなくて、永遠に東洋の天地には生じて来ないと宣告した。東洋には自然科学を育てて行く雰囲気は無いのだと宣告した。果してさうなら、帝国大学も、伝染病研究所も、永遠に欧羅巴《ヨーロッパ》の学術の結論丈《だけ》を取り続《つ》ぐ場所たるに過ぎない筈《はず》である。かう云ふ判断は、ロシアとの戦争の後に、欧羅巴の当り狂言になつてゐた Taifun なんぞにも現れてゐる。併し自分は日本人を、さう絶望しなくてはならない程、無能な種族だとも思はないから、敢て「まだ」と云ふ。自分は日本で結んだ学術の果実を欧羅巴へ輸出する時もいつかは来るだらうと、其時から思つてゐたのである。

自分はこの自然科学を育てる雰囲気のある、便利な国を跡に見て、夢の故郷へ旅立つた。それは勿論《もちろん》立たなくてはならなかつたのであるが、立たなくてはならないといふ義務のために立つたのでは無い。自分の願望の秤《はかり》も、一方の皿《さら》に便利な国を載せて、一方の皿に夢の故郷を載せたとき、便利の皿を弔《つ》つた緒《を》をそつと引く、白い、優しい手があつたにも拘《かか》はらず、慥《たし》かに夢の方へ傾いたのである。

シベリア鉄道はまだ全通してゐなかつたので、印度《インド》洋を経て帰るのであつた。一日行程の道を往復しても、往《ゆ》きは長く、復《かへ》りは短く思はれるものであるが、四五十日の旅行をしても、さういふ感じがある。未知の世界へ希望を懐《いだ》いて旅立つた昔に比べて寂しく又早く思はれた航海中、籐《とう》の寝椅子に身を横《よこた》へながら、自分は行李《かうり》にどんなお土産を持つて帰るかといふことを考へた。

自然科学の分科の上では、自分は結論丈を持つて帰るのではない。将来発展すべき萌芽《ほうが》をも持つてゐる積りである。併し帰つて行く故郷には、その萌芽を育てる雰囲気が無い。少くも「まだ」無い。その萌芽も徒《いたづ》らに枯れてしまひはすまいかと気遣はれる。そして自分はfatalistisch《ファタリスチッシュ》な、鈍い、陰気な感じに襲はれた。

そしてこの陰気な闇《やみ》を照破する光明のある哲学は、我行李の中には無かつた。その中に有るのは、シヨオペンハウエル、ハルトマン系の厭世《えんせい》哲学である。現象世界を有るよりは無い方が好いとしてゐる哲学である。進化を認めないではない。併しそれは無に醒覚《せいかく》せんがための進化である。

自分は錫蘭《セイロン》で、赤い格子縞《かうしじま》の布を、頭と腰とに巻き附けた男に、美しい、青い翼の鳥を買はせられた。籠《かご》を提《さ》げて舟に帰ると、フランス舟の乗組員が妙な手附きをして、「Il《イル》 ne《ヌ》 vivra《ヰウラ》 pas《パア》!」と云つた。美しい、青い鳥は、果して舟の横浜に着くまでに死んでしまつた。それも果敢《はか》ない土産であつた。

出典：森鷗外「妄想」（岩波文庫『妄想 他三篇』所収）

（注）ファタリスチッシュ＝運命論めいた（ドイツ語）。
イル　ヌ　ヰウラ　パア＝そいつは長くは持ちませんぜ（フランス語）。

解説

なぜ鷗外の「妄想」を出題したのか？

出題者の思惑は推測するしかないが、ここで語られているのは日本の近代の意味づけである。明治末に、近代化を推進した張本人の一人である鷗外が、あの頃の時代を振り返って本音を吐露しようとする。それ自体が実に示唆的ではないか。

日本人に「自然科学」はできない？

当時、日本は一日も早く欧米の技術を取り入れ、欧米列強と比肩する近代国家を建設することが急務とされていた。

国家を背負った鷗外が留学して三年が過ぎたのだが、その頃の心境を「まだ均整を得ない物体」にたとえて、**学問をするのに便利なドイツを去りたくない気持ちと、懐かしい夢の故郷に帰りたい気持ちとの間に揺れ動いている**と語っている。

日本を知り抜いたドイツ人が、東洋には自然科学が芽生えるための土壌が永久に欠けていると宣告した。自然科学の根本を理解せずに、ひたすらその結果だけを模倣しようとする日本の姿勢を批判したものだが、〝このときの〟鷗外の考えは違った。今は「まだ」模倣することが急務だが、日本人は、決して無能な種族ではなく、いつかは自分たちの手で自然科学の芽を育てる日が来ると思いたかったのだ。

鷗外を苦悩させた「ある女性」

やがて鷗外はこの便利な国を旅立つことになる。四、五十日をかけた船の旅である。

「自分の願望の秤も、一方の皿に便利な国を載せて、一方の皿に夢の故郷を載せたとき、便利の皿を弔つた緒をそつと引く、白い、優しい手があつたにも拘らず、慥かに夢の方へ傾いたのである」

「秤」とは天秤《てんびん》のこと。この「白い、優しい手」は「便利の皿の緒」を引いたのだから、それは、このとき、鷗外を「便利な国」ドイツに引き留める人物がいたということを示唆している。

この人物とは誰なのか。

明治二十一年、鷗外の帰国後、あるドイツの女性が鷗外を追って日本にやって来た。鷗外の家族は、将来を嘱望《しょくぼう》されたエリートである鷗外の女性スキャンダルを隠すため、その女性を追い返したという。世に言う「エリス事件」である。その後、鷗外は明治二十三年に「舞姫」を発表するが、この作品の中には、この女性をモデルにした「エリス」という登場人物が描かれている。

この「白い、優しい手」の女性が「エリス」だろうというのは定説であるが、受験生はそれを知らなくても問題を解くことには不利にならないように配慮されている（とはいえ、一般教養のレベルなので知っておこう）。

そういった女性がいたにもかかわらず、**鷗外の心の秤は、夢の故郷を載せた方に傾いたのである。**それほど望郷の念と「国家」への責任が重かったというわけだ。

鷗外、「権力」との戦い

当時の客船は今と異なり、娯楽施設もそれほどなかったに違いない。嫌でも船中、深く物思いに駆られることになる。

ドイツに残してきた「エリス」のこと、そして、自分の帰りを待つ家族たち。だが、祖国日本は自分が死に物狂いで学んできた自然科学の萌芽を育てる雰囲気がまだないのだ。

聡明な鷗外はそのことを見透し、次第に厭世的な気分に陥っていく。

欧米の新しい思想や技術を取り入れようと留学生を送ったのだが、実は彼らが新しいものを持ち帰ったとき、既成のシステムに乗っかっていた古い人たちが困るのだ。そして、**古い人たちは権力を持っているから、全力で新しいものを潰しにかかる。**

事実、帰国後の文学や医学における鷗外の戦闘的啓蒙運動も、古い勢力の強い抵抗に遭ってしまう。

セイロン（現在のスリランカ）で土産に買った美しい青い鳥は、横浜の港に着くまでに死んでしまった。この文章が意味するところは、何なのだろうか。鷗外の深い憂《うれ》いを表しているのだが、解説は設問の解法に譲ろう。

出口厳選　理解が深まる良問

問　それも果敢ない土産であつた、という。「それも」と特にいう作者の気持を説明せよ。

解法

随筆問題は作者の心情を読み取る問題がほとんどである。今回も「作者の気持を説明せよ」で、それを文中の根拠から客観的に分析する能力が試されている。

また、恣意《しい》的な答えにならないように、設問自体の中に客観的な答えを誘導する仕掛けがあることも多い。「『それも』と特にいう作者の気持」と、条件を加えているのがそれである。

まず該当部分を吟味すると、「それも」とある。「それ」の指示内容は、セイロンで買った、美しい青い鳥で、それが「果敢ない土産」とあることから、この部分は「土産に買った美しい青い鳥が死んでしまったこと」を示している。

さらに、「それも」と「も」があるので、作者の気持ちは単に「青い鳥が死んだことに対する思い」だけではないことが分かる。

もう一つの土産が「自然科学の将来発展すべき萌芽」であることから、鷗外は自然科学の将来発展すべき萌芽を土産にしようとした。しかし、青い鳥が死んでしまったことで、もう一つの土産である「自然科学の萌芽」にも希望が無いことを暗示しているのだ。

解答

セイロンで土産に買った美しい、青い鳥が横浜の港に着くまでに死んでしまったように、日本のために持ち帰る将来発展すべき自然科学の萌芽も、結局は日本の土壌では育たないだろうという気持ち。

補講

鷗外は文学者であると同時に、官僚であり、軍人であることから、体制側の人間であると思われがちだが、必ずしもそうではない。
「舞姫」には「家・国家」と「恋愛」の二つに引き裂かれ、苦悩する鷗外の姿が描かれているのである。

鷗外は苦悩の果てに、生涯忘れることのなかった「エリス」との結婚を、家のため、国家のために断念する。個人の恋愛よりも、背負わざるを得なかった家や国家の方が、彼にとっては重いものだったのである。現代の価値観で鷗外を断罪することはたやすい。だがそんなことに意味はない。当時の時代背景を知り、その選択の理由と苦悩を想像しなければ、読解にはならない。

大抵の人間は自分の感情を封印して、ひたすら権力に服従することになる。だが、そのような体制的な人間に、あのような豊穣《ほうじょう》な作品を書き残すことができるだろうか?

鷗外は「舞姫」の中で主人公の太田豊太郎を、いかにも自分自身だと思わせるような書き方をしている。物語中、豊太郎は、自身の子を身ごもった「エリス」を捨て、日本に帰国することを決断する。信頼し愛していた豊太郎の裏切りを知った「エリス」は、絶望の果てに狂気に至る。鷗外は自身を模した豊太郎に、その一切の罪を背負わせている。鷗外がいかに自責の念を抱いていたかが、痛切に伝わってくる。

また、「エリス事件」の後、海軍中将・赤松男爵の娘・登志子と政略結婚をすることになるのだが、「舞姫」を発表したことで、海軍の上層部や妻の登志子からも、ドイツでの女性スキャンダルとして非難され、別居・離婚することになる。

こうした一連の騒動に、鷗外は文学活動の停止を命じられるのである。さらには、上官と対立して、九州の小倉に左遷され、鬱々と失意の日々を過ごすことになる。明治の末に小説家・鷗外は再び登場するのだが、その後の作品も豊かな情感をたたえ、しかも、理知によって見事に統制されている。だが、希望と絶望と苦悩が込められた鷗外青春の書「舞姫」が、最高傑作であることは間違いない。

この問題文「妄想」と併せて読むことで、より鷗外の作品世界を堪能することができるだろう。

鷗外は謎である。そして、その謎は日本の近代の謎であり、文学の謎でもある。

2010年度

物語る声を求めて

津《つ》島《しま》佑《ゆう》子《こ》

Profile

一九四七年東京都生まれ。小説家。一九七一年、第一短編集『謝肉祭』（河出文庫）を出版。その後『黙市』（新潮文庫）、『夜の光に追われて』（講談社文芸文庫）などを発表し、高い評価を受ける。『火の山―山猿記』（講談社文庫）で谷崎潤一郎賞と野間文芸賞を受賞し、ＮＨＫ連続テレビドラマ「純情きらり」の原案となる。その他、アイヌ叙事詩仏訳の監修なども手がける。近著に『ヤマネコ・ドーム』（講談社）がある。

今、甦る「文学の起源」

前項の森鷗外「妄想」の問題意識とも繋がるが、日本の文学は常に「近代」との格闘を通して生み出されてきたと言っても過言ではない。鷗外にしても、西洋近代の価値観と、東洋の価値観との狭間で葛藤した末に、その作品を生み出してきた。

後の「ポストモダン思想」に関しても、明治期に育まれた近代の価値観を、どのように「批判」するかが、文学や芸術、哲学などあらゆる領域で重要なテーマだった。

小説家・津島佑子は、問題文「物語る声を求めて」の中で、「口承文学」にその鍵があるのではないかと推察している。口承文学は、基本的に地縁・血縁によって育まれるものであり、そこには今では失われてしまった土着の風土・習慣・伝統が生き続けている。

西田幾多郎が「読書」で述べていた言葉を使うなら、口承文学は、あらゆる物語の「源流」であると言えるだろう。たとえば、西洋文学の源流と言える聖典「旧約聖書」も、古代イスラエル民族に伝わる口承・口伝《くでん》を成文化したものだという。

本問題文は、近代以降の潮流も知ることができる、文学入門としても優れた随筆だ。

問題文

口承で伝えられた物語の世界はなぜ、私を魅了するのだろう。

自分にとってあまりに当然のことを改めて言葉で説明しようとすると、急になんだかむずかしいことになってしまう。

子どものころ、お小遣いを親からもらえなかったから、こっそりただ見をするしかなかった紙芝居の、わくわくするあの楽しさから、それははじまっているのだろうか。それとも近所のお祭りのとき、見せ物小屋の前で呼び込みの人が「うたって」いた、あのいかにもまがまがしい口上を聞いて、子どもの私が感じていたこわいもの見たさの興奮からはじまっているのだろうか。

試しにこうして、子どものころを思い出すと、そこには口承の物語がふんだんに生きていたんだな、と改めて気がつき、驚かせる。ただ、そのころはそんな言葉を知らなかっただけの話だ。

子どものころの世界は、音とにおいと手触りとでできあがっているということなのだろうか。

母親の気分次第だったと思うけれど、夜、寝る前に、私も母親に話をしてもらっていた。レパートリーの少ない人だったから、桃太郎の話と、ヤマンバの話ぐらいしか記憶に残っていない。一体、いくつぐらいまで、母親はそうした話を聞かせてくれていたのだろう。幼稚園に通いはじめると、キンダーブックをもらえたので、絵本にもなじみはじめていた。けれども、そこにどんなおもしろい話が書いてあっても、母親の口から聞く話ほどには、どきどきするような現実感がなかった。

ヤマンバの話では、母親の声から誘い出されて、どこだかわからない山の風景が浮かび上がり、そこを歩く馬子と馬の姿、そしてそれを追いかけるヤマンバの姿がシルエットとして現れる。そして馬子が逃げ出し、ヤマンバが髪を振り乱し、追いかける。馬子やあ、待てえ。馬子やあ、待てえ。このヤマンバの声が私の頭と体に反響して、私はやがて眠気に誘われていく。

山の稜線《りょうせん》を走りつづけるヤマンバと馬子のシルエットは、その声の反響と共に、私の日常の一部になっていた。それは家のどこか、庭のどこかをひたすら走りつづけているのだ。

そのように、子どもは物語の世界を直接、体に受け入れて生きてしまう。だから、どんなことよりも興奮するし、その経験が子どもの人生を形づくってしまうから、こわいといえばこわい。

子どものころの経験を文学で表現するという例は、珍しいものではない。むしろ、詩でも、小説でも、ありふれたテーマだと言えるだろう。けれどもそこで表現される子どもの世界は、「無垢《むく》」、あるいは「無知」の象徴として描かれている場合が多い。日本の近代文学も例外ではなく、それはドイツ・ロマンティシズムの影響だったにちがいない。小学生のころ、学校の優等生たちが読んでいた「赤い鳥」系の話のなんと、私にはつまらなかったことか。子どもの本能で、そこを支配している「近代性」をかぎ分けていたのかもしれない。言葉が近代の論理できれいに整理され、描かれている人物たちも「近代的」論理性の中でしか生きていない。

子ども向けの本は嫌いだった。そうは言っても、すでに母親は「お話」をしてくれなくなっていたし、「お話ごっこ」はあんまり子どもっぽいと自分で思うようにはなっていた。それで本を読まざるを得なくなる。学校の図書館で私は仕方なく、民話の本を読みつづけていた。小泉八雲のお化けの話が気に入っていた。高学年になると、外地からの引き揚げ者や空襲、原爆の被害者たちの経験談を集めた本を片っ端から読みあさった。当時は、そんな本がつぎつぎ出版され、一種の流行になっていたのだ。

これも今、思えば、私は物語の声を求めつづけていた、ということになるのだろうか。

口承の物語は決して、現代の私たちと切り離された、異質な世界ではない。そのことを忘れてはいけないのだと思う。今の時代は確かに、紙芝居や見せ物小屋など消えてしまい、町に響く物売りの声も少なくなってしまった。子ども同士が誘い合うのも、以前は「××ちゃん、遊びましょ」という声が歌のように響いていた。子守唄、遊び歌、仕事歌、そんな歌も消えてしまった。

けれども親たちは自分の子どもに物語を相変わらず、語り聞かせていると思うし、子守歌も歌っているにちがいない。お店の呼び込みの声はまだ、消えていない。子どもたちは今でも歌が好きだし、大人たちは落語を聞いたり、小説の朗読にわざわざ耳を傾けたりする。地方では、河内音頭もまださかんだし、大衆芝居の世界も生きつづけている。こうした芸能はみな、書き言葉とは縁のない、あくまでも即興の物語の世界なのだ。

近代の文学と口承の物語とは、ジャーナリズムの言葉と個人の言葉のちがいだと言えるのかもしれない。個人の言葉の場合は、ひとりひとりの顔が見える言葉なのだ。家族や地縁に支えられている言葉でもある。だからこそ、地方の風土、習慣、伝統がそこでは生きつづけ、それを確認するための道具にもなっていく。

一方の近代の文学は、印刷術と共に発達した新しい分野で、血縁、地縁を超えて、自分の意見を発表できるという魅力から、活版印刷の普及は急速に新聞、そして文学というジャンルを作り出していった。けれどもそのためには、幅広い人たちに理解できる言葉が必要になり、共通語が作られていく。つまり、人工の言葉を使うという約束事を守ることが前提となり、それは言うまでもなく、近代国家という新しい枠組みとも、歩みを共にしている。

こうした近代の発想に私自身も育まれている。今さら、過去の地縁、血縁の世界に戻ることはできそうにない。もし、現在の小説が充分に力強く、魅力にあふれた作品に恵まれつづけているのなら、今までの近代的文学観を守って書きつづければいいようなものなのだが、実情がそうではなくなっているので、さて、どうしたらいいものか、と私たちは考え込まざるを得なくなっている。

かなり前から、ラテン・アメリカの世界で「マジック・リアリズム」と呼ばれる、その風土に昔から生きつづけた神話的想像力と近代の小説とを結び合わせた不思議な小説が出現しはじめて、日本の読者をも魅了した。つづけて、カリブ海の島々から、土地の言葉と植民宗主国のフランス語がごたまぜになった、今まではいかにも教養のない、出来損ないの言葉だとされてきた言葉を小説に活かして、その風土の想像力を描く「クレオール文学」と呼ばれる小説も現れはじめた。ほかにも、それぞれの風土の時間を近代の時計からはずして、神話的な時間に読み替えていこうとする試みは、世界中ではじまっている。

こうした流れを一言で言えば、近代が見失ってきたものをなんとか取り戻したいという人間たちの欲求なのにちがいない。そこにはもう一つ、近代の学問がとんでもない古代の口承文学の世界を見事に読み解いてくれたという「大発見」も手伝っているのかもしれない。その成果を考えると、私はいやでも複雑な思いにならずにいられなくなる。

出典：津島佑子「物語る声を求めて」（平凡社『東洋文庫ガイドブック』所収）

（注）「赤い鳥」＝理想的な子どもを育む童話や童謡を創作し、普及させるため、鈴木三重吉により創刊された雑誌。

解説

さすがは一流の小説家である。

親しみやすい文体で、筆者の体験談をベースに文学の性質を知ることができたと思う。

筆者は「口承の物語、子どもの世界の受容の仕方」について語っているが、その背後には「近代の小説、大人の世界の受容の仕方」が対比されている。

そうした**背後に隠れた対比構造**を意識して読むことで、作者の主張がくっきりと浮き上がってくるのである。

☑ なぜ「口承文学」に魅力されるのか

冒頭に、筆者の心情が吐露されている。

「口承で伝えられた物語の世界はなぜ、私を魅了するのだろう」

紙芝居や、祭りの日の見世物小屋の口上など、具体例を挙げながら、子どもの頃、**いかに口承の物語に惹かれたのか**を述べている。

「子どものころの世界は、音とにおいと手触りとでできあがっている」とあるが、そこで筆者は子どもの頃母親から聞いたヤマンバの話を例に挙げる。

母親の声に誘い出されて、山の風景が浮かび上がるとある。子どもは聴覚から山の映像を視覚化しているのだ。馬子と馬の姿、追いかけるヤマンバがシルエットとして現れることも視覚化であり、「ヤマンバの声が私の頭と体に反響」では聴覚に作用し、物語世界を体感している。

「子どもは物語の世界を直接、体に受け入れて生きてしまう」とあるように、口承の物語は子どもにとってそれほど刺激的なのである。

まだ自分で絵本を読むことができない子どもは、母親の声によって、脳裏にありありとその情景を浮かび上がらせるのだが、それは印刷された文章を読むことと違って、**その物語世界に全身で入りこむこと**なのである。

実はそこに文学の原点があったのではないだろうか？

奈良や平安時代の歌人は、愛する人に直接和歌を詠み、琵琶法師は平家物語を奏でた。

今昔物語や宇治拾遺物語も聞き伝えを集めたものであり、ある段階でそれを文字に写した人がいた。これらの元はすべて口承の物語だったのだ。

「つまらない物語」の特徴

筆者はやがて成長し、自分で絵本を読めるようになると、キンダーブックなどの子どもの本を与えてもらったが、どんな話にも「どきどきする現実感」を得ることができなかった（ちなみにキンダーブックとは、フレーベル館が発行する伝統ある保育絵本である）。

絵本は活字を追うことで、頭で物語を理解することでしかなく、母親から聞いたヤマンバの話のように、全身でその物語世界を享受したわけではなかったからだ。

筆者は当時流行った「赤い鳥」系の話もつまらなかったという。なぜなら、**そこにある種の「近代性」を子どもの本能でかぎ分けていたからである**。

ここでいう近代性、あるいは近代の論理とは、子どもは「無垢」で「無知」なものだという**「大人の価値観」で整理され、作り上げられた物語性**であり、それゆえ、筆者はそれを好きになれなかったというのだ。

この点は、澁澤龍彥「玩具のシンボル価値」で書かれていたこととも共通するだろう。

大人の価値観で用意された「玩具の遊び方」は、子どもにとっては退屈極まりないものなのである（このように、ある言説とある言説の共通性を見出すことも「読解力」の向上につながる）。

筆者は仕方なく図書館で民話の本を読み、高学年になると、外地からの引き揚げ者や空襲、原爆の被害者たちの経験談を集めた本などを読みあさった。

子どもの頃の口承の物語の世界が忘れられずに、無意識のうちにも物語の声を求め続けていたのである。

文学の行き詰まり

筆者は近代の文学と口承の物語との違いを、**「ジャーナリズムの言葉と個人の言葉のちがい」**だとする。

ここでも対比を意識すること。

口承の物語は、たとえば、母親が子どもに語ってみせるものだから、家族や地縁に支えられた言葉、一人ひとりの顔が見える言葉で語られるものである。

それに対して、近代文学は印刷技術の発展と共に不特定多数の読者に向けて書かれるもので、そこでは幅広い人に理解できる共通の言葉、人工の言葉が作られていく。そうしたジャーナリズムの言葉は、近代国家形成と歩みを共にしてきたのだ。近代文学はジャーナリズムの言葉によって形成されるものであるが、今そうした文学は行き詰まっている。

新しい文学の胎動

現代に入り、こうした近代文学の行き詰まりを乗り越える試みが、世界的な規模で行われてきた。

その具体例として、筆者は**「マジック・リアリズム」**と、**「クレオール文学」**を紹介する。

「マジック・リアリズム」は近代文学が捨ててきた伝承や神話的モチーフを取り入れ、ダイナミックで新しい文学を創出しようとする試みである。

二〇一四年四月に亡くなったコロンビアの小説家、ガルシア・マルケスの『百年の孤独』の影響もあり、特にラテン・アメリカ作家がマジック・リアリズム的手法を好んで駆使し、世界的な流行となった。二〇一二年にノーベル文学賞を受賞した中国の作家・莫言《ばくげん》も、マルケスらに影響を受け、マジック・リアリズム的手法を取り入れている。近代文学は「自我の文学」といわれ、個人の精神の葛藤を描くものが多いが、これらは風土に根付き、現実と非現実が混在する不思議な世界を描き出していった。

「クレオール文学」は旧植民地で土着の言葉と宗主国の言葉が混じり合って出現した言葉を生かして生み出された、混血的な文学である。こうした「混血化」によって生まれる想像力が、「単一民族」であることを統一の根拠とする近代の国民国家観などへの批判となっているのだ。

出口厳選　理解が深まる良問

問　傍線部は、どのような試みをいうのか、「近代の文学」と「口承の物語」との関係をふまえ、わかりやすく説明せよ。（文系のみの出題）

解説

まず「『近代の文学』と『口承の物語』との関係をふまえ」という条件から、対比関係を整理する。

近代の文学は、作家の個性に根ざし、近代の論理性に支えられてきたのであるが、それに対して、口承の物語は土地の風土、神話、家族などに支えられてきた。

要は、「口承の物語」を現代文学に積極的に取り込もうということ。

傍線部の比喩「風土の時間」とは、口承の物語で育まれてきたもの、「近代の時計からはずして」は、近代的な尺度で測るのを止めるということ。

これらを整理して、組み立てればいい。

解答

口承の物語が育んできた風土性や神話的想像力を近代的な尺度で測るのを止めて、逆にそれを魅力が失われつつある現代文学に積極的に取り入れ、現代文学を再生させようとする試み。

補講

日本の文学はもともと口承の物語が中心であり、個人が個人へと伝えるものであった。「源氏物語」も「枕草子」も、作者がまず中宮に読んでもらうために書いたものであり、「大鏡」などの歴史物も、翁が若い人たちに自分が見聞したことを語るといった形式によるものである。

江戸時代の活版印刷技術の発達により、創作者は個人に向けてではなく、不特定多数の読者に向けて作品を書かなければならなくなった。この時点で、文学は大きく変貌した。「南総里見八犬伝」の滝沢馬琴など比較的現代のイメージに近い職業作家が生まれたのである。

明治期になり、まず海外の文学が翻訳小説として入りこみ、日本の文学に大きな影響を与えた。

さらに、近代国家建設と共に、地方から国家へ、方言から共通語へと、「近代小説」が次第に成立し始める。

そうした近代小説は自我の文学である。個人の愛憎、精神的葛藤、狂気といったものを掘り下げて描くものであり、その延長線上にある、作家自身の告白による「私小説」が日本の文学の主流をなしていく。

ところが、現代はその近代そのものの行き詰まりが顕著になった時代である。本項の冒頭で述べたように、その行き詰まりをどのように批判していくかが、あらゆる分野で様々な試みとして模索されているのだが、文学とてその例外ではない。

拙著『東大現代文で思考力を鍛える』で取り上げたリービ英雄も、その一人である。彼は日本語を母語とせずに、日本語で文章を書く「越境文学」の実践者である。リービ英雄がアメリカの名門・プリンストン大学で、日本口承文学の結晶「万葉集」を研究し、英訳をしていたという事実も、興味深い（その成果は『英語でよむ万葉集』〈リービ英雄／岩波新書〉で味わうことができる）。

日本でも様々な新しい試みがあるが、近代文学を超える冒険がどのようになされていくのか、これからの文学の動向からも目が離せない。

2011年度
（文系）

神話する身体

安田《やすだ》登《のぼる》

Profile

一九五六年千葉県生まれ。下掛宝生流ワキ方能楽師であり、日本で数少ない公認ロルファーの一人。ワキ方の重鎮、鏑木岑男氏の謡に衝撃を受け、二十代後半で入門。現在は国内外を問わず多くの舞台を務める他、小学校をはじめとする学校での能の特別授業など、さまざまな形で能のワークショップを行う。『異界を旅する能』（ちくま文庫）、『あわいの力』（ミシマ社）、『日本人の身体』（ちくま新書）など著書多数。

「能」、その可能性の中心

能楽師である安田登の随筆である。

おそらく今の受験生で能に対する深い理解がある人は、そう多くはいないと思われる。学校の体験授業などで能を鑑賞したことはあるかもしれないが、「授業で強制的に見せられた」という思い出があるだけで、その後追求することもなかったであろう。西洋演劇や映画、ドラマに慣れた現代人にとって、能をどのように理解するかは非常に重要な問題である。能への理解は、日本の文化へのより深い理解につながる。現代の最先端の問題よりも、日本の伝統文化への理解を求める、これも京大らしい出題である。日本文化の象徴とも言える土地・京都にある大学が、能という伝統芸能についての論考を出題するのも、ある意味当然だろう。

京大は受験生に、物事の表面ではなく、より深い視線で本質を掴まえるような、そんなものの捉え方を求めている。そして、それは社会人にとっても必要だ。膨大な情報に流されるままの私たちには、より深い教養こそが人間として拠って立つ基盤に他ならない。

問題文

　怪談を語る会を銀座能楽堂で開く。能と新劇、そして能の笛である能管による共演だ。能管は、死者の霊を招く笛である縄文の石笛を模したといわれるから怪談にはぴったりだ。

　能も新劇も演劇と言われているが、新劇の俳優さんと一緒にやっていると、その類似点よりも相違点の多さに驚く。たとえば新劇の人は舞台が始まる数時間前から柔軟体操をしたり、気持ちを集中させたりと準備に余念がない。それに対して能楽師は舞台前に発声練習すらしない。新劇の人は作品の解釈をしっかりするが能の方はあまりしない。一緒にやっていると自分がいい加減のようで心苦しいのだが、しかしこれは入門時の稽古自体から違っているのだから仕方がない。

　謡《うたい》を習ってみたいと稽古に通う。謡の声はかなり特殊だ。それなのに発声方法などは全く教えず、ただ真似して謡えという。ひどい話だ。

　マネをする、これが能の稽古の基本で、稽古メソッドなどというものは特にない。それに対して近代演劇はさまざまなメソッドを生み出した。たとえばメソッド演技というものがある。悲しい場面の演技では、自分の体験の中から悲しい出来事を思い出す。これがうまくいくと本当に涙が流れたりする。すごい。

ただし、このメソッドには欠点が二つある。ひとつはその役者の人生経験が演技の質を左右してしまうということ。そしてもうひとつは、自分の人生経験以上の演技はできないということだ。

じゃあ能の稽古はどうかというと、過去の経験がどうのこうの以前に解釈すらほとんどしない。ただ型や謡を教わる。そしてやってみろと言われ、手が高いといってはピシッと打たれ、声が小さいといっては怒鳴られる。そんな稽古だ。稽古だけではない。本番の舞台で演じるときにも、解釈をしたり気持ちを入れたりはせずに、ただ稽古された通りの型を稽古された通りに忠実になぞる。

が、師伝の通りちゃんとできると、演者はともかくお客さんはそこに立ち上がってくる何ともいえない感情に心動かされる。「何ともいえない感情」というのは、そこに立ち上がってくるのが、いわゆる演劇的な感情表現ではないからだ。

よく能は「ココロの芸能だ」なんて言われるが、そんなことはない。「ココロ」の特徴をひとことでいえば「変化する」ことだ。昨日はあの人が好きだったというココロが、今日はもう違う人に移っている。「ココロ変わり」なんていう言葉もある。しかし、能で立ち上がってくる感情はそのようなころころ変化するココロ、すなわち情動なんかではない。

能『隅田川』は、人買いに拐《かどわ》かされたわが子を求めて旅する母親がシテだ。隅田川のほとりに佇《たたず》む彼女の胸に『伊勢物語』の故事が浮かぶ。この隅田川で、業平は都に残して来た妻を偲《しの》び、母は子を尋ねる。対象は違う。が、「思ひは同じ恋路なれば」と彼女は謡う。恋い慕う対象は違うのだが、ココロの深層にある「思ひ」は同じなのだ。「思ひ」とはココロを生み出す心的作用だ。

対象がある「ココロ」は変化するが、そのココロを生み出す「思ひ」は変化しない。「思ひ」は何歳になってもなくならない。いくら年を取っても、何ともいえない寂しさはふと立ち現れる。能で立ち上がってくるのは、この「思ひ」だ。

「思ひ」は演者の個人的な体験などは優に超越している。それは能の主人公であるシテの多くが幽霊や神様という非人間的存在であることにも起因しているだろう。個人の浅い経験などではとても太刀打ちできない存在だ。それが型によって、ここに実現される。あらためて「型」やそして舞の凄さを感じる。あるいは雨を降らせ、あるいは晋侯を死の病に追い込んだという「桑林の舞」の故事（『左伝』）なども思い出され、そら恐ろしささえ感じる。舞とはただの踊りではない。

数百年前、いや数千年前に古人は舞や謡の「型」の中に、言葉にはできないある「思ひ」を封じ込めて冷凍保存した。「思ひ」のさらに深層に世阿弥は「心（シン）」という神秘的精神作用を想定するが、古人は「思ひ」だけでなく、その「心（シン）」すらをも型の中に封じ込めた。「心（シン）」や「思ひ」は私たちの身体に眠る神話そのものだ。『古事記』などの中に現れる文字化された神話は、いわばアイコンだ。それは身体によるクリックを待つ。舞歌とは文字化された神話をクリックする身体技法であり、私たちの身体の深奥に眠っている神話を目覚めさせ、解凍する作業である。

それが立ち現れてくるときは、舞歌は人々や天地を動かす。この神話の解凍に必要なのが私たちの身体だということは重要だ。身体性も神話性も非常に希薄になってしまった現代に、身体を使って神話を読み直してみるというのはどうだろうか。

出典：安田登「神話する身体」（大修館書店『月刊言語』二〇〇七年九月号所収）

（注）「桑林の舞」の故事＝紀元前五六三年、宋の平公が晋侯（晋の悼公）の前で、天子の舞である「桑林」を舞わせたところ、桑林の神のたたりで、晋侯が病気になったという故事。『春秋』の注釈書『左伝』に見える。

解説

能について述べた随筆であるが、冒頭、同じ演劇の一種である新劇（西洋の演劇をベースにしたもの）との比較から始まる。ここでも対比関係に着目する。

新劇の役者は作品の解釈をしっかりとし、舞台が始まる前には入念に準備をするが、能楽師は作品を解釈せず、舞台前に発声練習すらしない。

さらに稽古の仕方も異なる。新劇の場合には様々なメソッドがあるが、能の稽古にはメソッドというものはなく、厳しい修行の果てに会得できるかどうかである。

こう考えてみると、能と近代演劇は全く異なるものと言えよう。そして、能こそが日本の文化に深く根ざしたものなのである。

「ココロ」と「思ひ」の違い

筆者は**「ココロ」を情動と捉え、その特徴を「変化しやすい」**としている。確かに、「女心と秋の空」という場合、女のココロは変わりやすいという意味である。

そして、能が表現するのは、そうした変わりやすいココロではないと指摘する。

その例が『隅田川』という能である。

『隅田川』のシテ（主人公）は、人買いに拐《かどわ》かされた我が子を捜し求める母親であるが、その母親は伊勢物語の故事を思い浮かべる。

伊勢物語で、在原業平は隅田川で都に残してきた妻を偲ぶのだ。我が子を思う母親の「思ひ」と、妻を偲ぶ業平の「思ひ」とは、ココロは異なっていても、胸の奥に何とも言えない寂しさがふと立ち現れる。筆者は、その「思ひ」に変わりはないという。そして、能はその「思ひ」を表現するものなのである。

ここに、登場人物だけのその時の「ココロ」を、メソッド演技を駆使して表現する近代演劇とは決定的に異なる点がある。ここでも**変化する「ココロ」と、変化しない「思ひ」とが対比されている**ことに注意しよう。

「心（シン）」と身体

さて、さらわれた我が子を思う母親の「思ひ」と、離ればなれになった妻を思う業平の「思ひ」が変わらないとすれば、その「思ひ」は時と場所を離れて、すべての人に通じるはずである。

近代人が「私」にこだわっているのに対して、**能舞台で立ち上がってくる「思ひ」は演技者の個人的な体験を超えている。**

だから、その演技者がいかに稽古をして、演技メソッドを身につけたところで、個人的体験を超えた「思ひ」を表現することは難しいのである。

では、どうすればいいのか？

それに対する能の解答は「型」である。

遥か昔、古人は言葉に表せない普遍的な心的作用を、舞や謡の型に封じ込め、今の時代にまで残したのである。

筆者はさらに「思ひ」よりもさらに深くにある「心（シン）」について言及する。世阿弥は「心（シン）」という神秘的精神作用を想定したが、その「心（シン）」も型に封じ込められている。

「思ひ」や「心（シン）」は私たちの身体の中に眠る神話そのものなのだ。

そうやって**冷凍保存された「思ひ」や「心（シン）」といった神話を解凍して、現代に立ち現せるのが、舞歌という身体技法**である。

現代は合理主義社会で、それゆえ、身体性を軽視しがちである。ゆえに、舞や謡といった身体技法を使って、型に封じ込められた、普遍的で言語化できない精神的作用を立ち現すことが、現代において意味があるのである。

出口厳選　理解が深まる良問

問　傍線部はどういうことか、『隅田川』を例にして説明せよ。

解法

傍線部は、後に続く文章から考えて、「思ひ」は年を取っても変化しない、人間にとって根源的な感情であることを表している。

それを『隅田川』を例にして説明するのだから、わが子を求める母親の「思ひ」と、妻を恋い慕う業平の「思ひ」とは、変わらないと指摘すればいい。

あとは、二つの「思ひ」を詳しく具体的に説明することと、「思ひ」を説明することが必要である。

解答

能の『隅田川』において、誘拐された我が子を思う母親の情動が、都に残してきた妻を恋い慕う業平の情動とは異なっていても、そのさらに深層にある人間の心情は何ら変わりがないということ。

近代は「人間中心」の思考が跋扈《ばっこ》した時代である。例えば近代小説は、これまでにも述べてきたように、「自我」というものが明確に存在しているという前提の元に誕生した。

近代演劇も基本的にはそういった近代西洋の枠組みが根底にある。

ロシア「モスクワ芸術座」の演出家・スタニスラフスキーによって開発された「スタニスラフスキー・システム」というものがある。これは「自身の過去の体験」などで心に刺激を与え、作品世界に共感できる心理状態を作り出し、リアリティのある「自然な演技」をするための方法論である。この方法論は、その後アメリカに渡って改良され、二十世紀の近代演劇に多大な影響を与えた。

問題文で述べられている「メソッド演技」も、このスタニスラフスキー・システムに影響を受けて開発された演技法の一つだと考えられる。

ところが、能をはじめとする日本の伝統芸術には、そういった西洋文化とは別の文脈のあり方が根付いているのだ。

明治期より、我々日本人には「西洋文化の方が高尚である」といった考え方が、大なり小なり根付いてきた。それは読者諸氏も経験的に思い当たる部分があるだろう。だが、個人の体験を超えた、より深い、普遍的なものを表現する能文化に親しむことで、我々が見失ってしまったものを、再発見できるかもしれない。

茶道、生け花、武道など、日本の伝統的なものはすべて型を重視しているのには、実は深い理由があったのである。

安田登氏の著書『日本人の身体』（ちくま新書）では、古来、自然と共鳴できていた日本人の身体観が、明治以降いかに変質を遂げたかについて論じられている。能の実践者による貴重な論考なので、この問題文で関心を持った読者は、ぜひ読んでみてほしい。

COLUMN

なぜ「論理的読解力」が必要なのか

学生でも社会人でも、現代社会を生きるために「論理力」が重要であることに異論はないかと思う。

論理的な話し方、論理的な考え方、論理的な書き方など、すべてのスキルがアップするし、逆に論理力を身につけずに、考え方、話し方、書き方のスキルをアップすることは困難である。

第一、明晰な論理力なくして、知的活動をすることほど、非生産的なことはない。

さて、その論理力はどうやって習得できるのか?

実は、高度な論理力は難解な文章を徹底的に読解することでしか鍛えることはできないのである。

活字化された文章は、不特定多数の読者に向けて書いたものである。相手が不特定多数である限りは、筆者は自分の主張を、筋道立てて説明する必要が生じる。それが論理であり、私たちは筆者の立てた筋道をあるがまま読み取っていくしかないのだ。

そして、論理的に文章を読むという行為の繰り返しの中で、次第に頭が論理的に使いこなせるようになってくる。

そこで、次に論理を意識して話をしたり、論理的な文章を書いたりすることができるようになるのである。

つまり、すべては「読解」から始まるのだ。

ただし、筆者の立てた筋道を無視して、自分勝手に読み、主観的に解釈している限りは、どんなに文章を読んだところで、論理力を獲得することはできない。

最初のうちは徹底的に論理を意識し、次にそれが身体化されるようになるまで、繰り返し文章を読解していかなければならない。

その際、難解な文章であればあるほど、論理的な頭を構築するのには有効なのである。

第3章

人生について深く洞察するための3問

2014年度

望郷と海

石原吉郎《いしはらよしろう》

Profile

一九一五年静岡県生まれ。詩人。三九年に応召され、敗戦と同時にソ連軍に抑留される。四九年ソ連軍軍法会議で重労働二十五年の判決を受け、シベリアの強制収容所で過酷な労働の日々を過ごす。五三年スターリン死去の特赦により帰国後、詩作を開始。鮎川信夫、谷川俊太郎らに認められ、多くの詩集を発表。『石原吉郎全集』（花神社）などに収録されている。収容所での経験をもとに人間の自由と死と救いの問題を追求した。

本当の「絶望」とは何か

第三章では、「人生」について深く考えさせられる問題文を紹介していく。

石原吉郎は、敗戦の後、ソ連軍の捕虜となり、「重労働二十五年」という絶望的な判決を受けた後、シベリアの強制収容所で過酷な労働に従事させられるという壮絶な体験を経ている。

その絶望感や苦悩は、現代日本に生きる我々には想像を絶するものであろう。だが、こうした体験が綴られた文章を、ただ読み流してはいけない。想像を絶する体験ではあるが、それでもなお「もし、自分が同じ状況に立たされたら」と想像し続けることが必要なのである。そうすることで、「今の自分」が相対化され、新たな視座を獲得し、自身の人生に活かすことができるのではないか。それが、本当の「読解」なのだと私は思う。

京都大学の問題は人生について深く考えさせられる問題が多い。これを受験生はどう捉えているのだろうか？　ひたすら制限時間内に答案を作成するためだけに、神経をすり減らしているのだろうか？

問題文

次の文は、著者が一九四一年に満州（現在の中国東北部）へ派遣され、四五年の日本の降伏後にソビエト連邦軍に抑留されてのち、四九年に重労働の判決を受けた前後を回想したものである。これを読んで、後の問に答えよ。

起訴と判決をはさむほぼふた月を、私は独房へ放置された。とだえては昂《たか》ぶる思郷の想いが、すがりつくような望郷の願いに変ったのはこの期間である。朝夕の食事によってかろうじて区切られた一日のくり返しのなかで、私の追憶は一挙に遡行した。望郷の、その初めの段階に私はあった。この時期には、故国から私が「恋われている」という感覚がたえまなく私にあった。事実そのようにして、私たちは多くの人に別れを告げて来たのである。そのとき以来、別離の姿勢のままで、その人たちは私たちのなかにあざやかに立ちつづけた。化石した姿のままで。

弦《つる》にかえる矢があってはならぬ。おそらく私たちはそのようにして断ち切られ、放たれたはずであった。私をそのときまでささえて来た、遠心と求心とのこのバランスをうたがいはじめたとき、いわば錯誤としての望郷が、私にはじまったといっていい。

弦こそ矢筈《やはず》へかえるべきだという想いが、聞きわけのない怒りのように私にあった。

この錯誤には、いわば故国とのあいだの〈取り引き〉がつねにともなった。私は自分の罪状がとるにたらぬものであることをしいて前提し、やがては無力で平穏な一市民として生活することを、くりかえし心に誓った。事実私が一般捕虜とともにそれまですごして来た三年の歳月は（それは私にとって、事実上の未決期間であった）、市井の片隅でひっそりといとなまれる、名もない凡庸な生活がいかにかけがえのないものであるかを、私に思いしらせた。しかもこの〈取り引き〉の相手は、当面の身柄の管理者であるソビエト国家ではなく、あくまで日本――おそらくそれは、すでに存在しない、きのうまでの日本であったのであろうが――でなければならなかったのである。

私たちは故国と、どのようにしても結ばれていなくてはならなかった。しかもそれは、私たちの側からの希求であるとともに、〈向う側〉からの希求でなければならないと、かたく私は考えた。望郷が招く錯誤のみなもとは、そこにあった。そして私が、そのように考えた時期は、海は二つの陸地のあいだで、ただ焦燥をたたえたままの、過渡的な空間として私にあった。その空間をこえて「手繰《たぐ》られ」つつある自分を、なんとしてでも信じなければならなかったのである。

告訴された以上、判決が行なわれるはずであった。だが、いつそれが行なわれるかについては、一切知らされなかった。独房で判決を待つあいだの不安といらだちから、かろうじて私を救ったものは飢餓状態に近い空腹であった。私の空想は、ただ食事によって区切られていた。食事を終った瞬間に、一切の関心はすでにつぎの食事へ移っていた。そしてこの、〈つぎの食事〉への期待があるかぎり、私たちは現実に絶望することもできないのである。私はよく、食事の直前に釈放するといわれたら、なんの未練もなく独房をとび出すだろうかと、大まじめで考えたことがある。

なん日かに一度、あたりがにわかにさわがしくなる。監視兵がいそがしく廊下を走りまわり、つぎつぎに独房のドアが開かれ、だれかの名前が呼ばれる。足おとは私のドアをそのまま通りすぎる。「このつぎだ。」私は寝台にねころがる。連れ去られた足音は、二度と同じ部屋に還ってはこない。そして、ふたたび終りのない倦怠と不安のなかで、きのうと寸分たがわぬ一日が始まる。どこかの独房で手拍子をうつ音が聞こえる。三・三・七拍子。日本人だという合図であり、それ以上の意味はなにもない。

望郷とはついに植物の感情であろう。地におろされたのち、みずからの自由において、一歩を移ることをゆるされぬもの。海をわたることのない想念。私が陸へ近づきえぬとき、陸が、私に近づかなければならないはずであった。それが、棄民されたものへの責任である。このとき以来、私にとって、外部とはすべて移動するものであり、私はただ私へ固定されるだけのものとなった。

四月二十九日午後、私は独房から呼び出された。それぞれドアの前に立ったのは、いずれもおなじトラックで送られ、おなじ日に起訴された顔ぶれであった。員数に達したとき、私たちは手をうしろに組まされ、私語を禁じられた。

私たちが誘導されたのは、窓際に机がひとつ、その前に三列に椅子をならべただけの、およそ法廷のユーモアにふさわしい一室であった。椅子にすわり、それが生涯の姿勢であるごとく、私たちは待った。ドアが開き、裁判長が入廷した。若い朝鮮人の通訳が一人（彼もまた起訴直前にあった）。私たちは起立した。

初老の、実直そうなその保安大佐は、席に着くやすでに判決文を読みはじめていた。私が立った位置は、最前列の中央、判決文は私の鼻先にあった。ながながと読みあげられる、すでにおなじみの罪状に、私の関心はなかった。全身を耳にして私が待ったのは、刑期である。早口に読み進む判決文がようやく終りに近づき、「罪状明白」という言葉に、重労働そして二十五年という言葉がつづいたとき、私は耳をうたがった。

ロシヤ語を知らぬ背後の同僚が、私の背をつついた。「何年か」という意味である。私は首を振った。聞きちがいと思ったからである。

それから奇妙なことが起った。読み終った判決文を、おしつけるように通訳にわたした大佐は、椅子の上に置いてあった網のようなものをわしづかみにすると、あたふたとドアを押しあけて出て行った。大佐がそのときつかんだものを、私は最初から知っていた。買物袋である。おそらくその時刻に、必需品の配給が行なわれていたのであろう。この実直そうな大佐にとって、私たち十数人に言いわたした二十五年という刑期よりも、その日の配給におくれることの方がはるかに痛切であった。ソビエト国家の官僚機構の圧倒的な部分は、自己の言動の意味をほとんど理解する力のない、このような実直で、善良な人びとでささえられているのである。

つづいて日本語で判決が読みあげられたとき、私たちのあいだに起った混乱と恐慌状態は、予想もしない異様なものであった。判決を終って〈溜《たま》り〉へ移されたとき、期せずして私たちのあいだから、悲鳴とも怒号ともつかぬ喚声がわきあがった。私は頭から汗でびっしょりになっていた。監視兵が走り寄る音が聞こえ、怒気を含んだ顔がのぞいたが、「二十五年だ」というと、だまってドアを閉めた。

故国へ手繰られつつあると信じた一条のものが、この瞬間にはっきり断ちきられたと私は感じた。それは、あきらかに肉体的な感覚であった。このときから私は、およそいかなる精神的危機も、まず肉体的な苦痛によって始まることを信ずるようになった。「それは実感だ」というとき、そのもっとも重要な部分は、この肉体的な感覚に根ざしている。「手繰られている」ことを、なんとしてでも信じようとしたとき、その一条のものは観念であった。断ち切られた瞬間にそれは、ありありと感覚できる物質に変貌し、たちまち消えた。観念が喪失するときに限って起るこの感覚への変貌を、そののちもう一度私は経験した。観念や思想が〈肉体〉を獲得するのは、ただそれが喪失するときでしかないことの意味を、いまも私はたずねずにいる。意味が与えられるとき、その実感がうしなわれることを、いまもおそれるからである。あっというまに遠のいて行くものを、私は手招いて追う思いであった。

　四月三十日朝、私たちはカラガンダ郊外の第二刑務所に徒歩で送られた。刑務所は、私たちがいた捕虜収容所と十三分所のほぼ中間の位置にあった。ふた月まえ、私が目撃したとおなじ状態で、ひとりずつ衛兵所を通って構外へ出た。白く凍てついていたはずの草原《ステップ》は、かがやくばかりの緑に変っていた。五月をあすに待ちかねた乾いた風が、吹きつつかつ匂った。そのときまで私は、ただ比喩としてしか、風を知らなかった。だがこのとき、風は完璧に私を比喩とした。このとき風は実体であり、私はただ、風がなにごとかを語るための手段にすぎなかったのである。

出典：石原吉郎『望郷と海』（みすず書房）

（注）矢筈＝矢の端の、弓の弦を受ける部分。
〈溜り〉＝捕虜を収容している空間のことをさす。
カラガンダ＝中央アジア北部、カザフスタンの地名。当時はソビエト連邦に属していた。

解説

詩人の随想であるが、随想の場合は筆者の心情を客観的に読み取らなければならない。また、説問では明示されていないが、詩人の文章であるということから、比喩的表現をはじめとするレトリックにも着目するべきである。比喩は文学的な味わいであると同時に論理的読解のためのヒントにもなる。

筆者の「背景知識」について

まず問題文の前の説明文に注意する。

「四五年の日本の降伏後にソビエト連邦軍に抑留されてのち、四九年に重労働の判決を受けた前後を回想したもの」とある。

冒頭でも少し触れたが、石原吉郎は一九三九年に応召された。キリスト教に関心を持っていた彼は、その前年に洗礼を受け、東京神学校への受験準備を始めていたのだが、その矢先の徴兵であった。

その後、関東軍のハルピン機関に配属され、一九四五年同地で敗戦を迎え、ソビエト連邦軍に留置される。

捕虜として収容所に入れられた後、最高刑である「重労働二十五年」の判決を受け、一九五三年にスターリン死去による特赦で解放されるまで、過酷な労働に従事させられることになる。

そして帰国後、詩作を開始することになる。

無論、実際の受験ではこういった知識がなくとも解答することはできる。問題文の前に書かれている情報だけで十分である。だが、それはあくまでも受験のテクニックの話にすぎない。**真に読解力を鍛え上げるには、こういった背景知識を得ておくことが重要なのは言うまでもない**。特に、筆者がクリスチャンであることは、その思想を知るためにも重要な点であろう。

「異国の独房」で、人は何を想うか

問題文は、大きく二つに分かれる。

「起訴と判決をはさむほぼふた月」の出来事と、その時の筆者の心情を回想したもので、前半は判決が出る前、後半は判決の日とその翌日での出来事である。

ところで、望郷の念とはどのようなものであろうか？

日本で暮らしている私たちは、旅先や留学先などでのホームシックはあったとしても、筆者が感じたほどの魂を揺さぶるような強い望郷の念は、抱いたことのない者が大半であるかと思う。

冒頭、筆者は「起訴と判決をはさむほぼふた月を、私は独房へ放置された。とだえては昂ぶる思郷の想いが、すがりつくような望郷の願いに変ったのはこの期間である」と、その時の心情を吐露する。

筆者は独房に放置され、いつ判決が下されるかも知らされていなかったのだ。生存するのに必要な食料だけが与えられ、この先自分がどうなるのか、何もわからず、狭い部屋に閉じ込められていたのである。

その二か月ほどの間に、筆者の心情は**「昂ぶる思郷の想い」**から、**「すがりつくような望郷の願い」に変化した**というのである。

「弦と矢」の比喩表現に注目せよ

独房の中で、筆者は追憶に浸る。筆者が故国を離れたのは、まだ二十四歳の若さのときである。

そのときは、祖国から「恋われている」という感覚があった。故郷を離れるとき、家族をはじめ、多くの人たちに別れを告げてきた。

その人たちは筆者の記憶の中で化石のように、変わらぬ姿のままで脳裏に焼き付いていたのである。

そのときの思いを、筆者は「弦と矢」との比喩で述べている。比喩が何を表現しているか見逃がさないようにしよう。

「弦にかえる矢があってはならぬ。おそらく私たちはそのようにして断ち切られ、放たれたはずであった」

矢を射たときに、その矢は再び弦に戻ることはない。**国を出るとき、筆者は生きて再び故郷に帰ることがないと覚悟を決めていたのだろう。**だから、愛する人たちの姿が「化石」となってしまったのだ。

独房生活の中で、筆者の望郷の念は変化した。

「私をそのときまでささえて来た、遠心と求心とのこのバランスをうたがいはじめたとき、いわば錯誤としての望郷が、私にはじまったといっていい。弦こそ矢筈へかえるべきだという想いが、聞きわけのない怒りのように私にあった」

「遠心」とは、弓から放たれた矢が遠ざかっていくことで、出征したからには二度と日本には戻れないという思いである。

「求心」とは、祖国に戻って再び愛する人たちに会いたいという「昂ぶる思郷の想い」のことである。

この相反する二つの思いが均衡を保っていたのだが、ソビエトに抑留されている内に、それが「すがりつくような望郷の願い」に変化したのだ。

「錯誤としての望郷」とは何か

判決を当て所なく待つ二か月の間、筆者の胸中に沸き起こった「すがりつくような望郷の願い」を、筆者は「錯誤としての望郷」と断じる。これはいったいどういう意味なのだろうか？

続く「弦こそ矢筈へかえるべきだという想い」とは、故郷（＝弦）が自分（＝矢）を「希求」すべきという思いである。戦争は終わった。もう祖国や愛する人たちのために命を賭けて戦う理由など、どこにもないのだ。「錯誤」とは自分の認識と客観的事実が異なっていること。筆者は「遠心」が無くなった今、自分たちの側からだけでなく、故国も自分たちを希求し、帰国できるように力を尽くすべきだという思いを抱いている。

国に命じられ、強制的に兵隊に取られ、取るに足らない罪状のためにソビエトで抑留されている。だから、自分を見捨てることなく、今度は故郷の方から自分を何としてでも帰してくれるべきなのだ。これを筆者は故国との〈取り引き〉と表現している。「私たちは故国と、どのようにしても結ばれていなくてはならなかった。しかもそれは、私たちの側からの希求であるとともに、〈向う側〉からの希求でなければならないと、かたく私は考えた」

こうした思いが「聞きわけのない怒り」のように沸き上がってくるのだ。故郷から見捨てられておらず、「手繰られ」つつあるということを信じなければ、とてもではないが精神の均衡を保つことができなかったのだろう。

「植物の感情」という比喩

独房で当て所なく判決を待つ不安といらだちから筆者を救ったのは、飢餓状態に近い空腹だった。

国から見捨てられた者の望郷の念を、筆者は「植物の感情」にたとえている。植物はその地に根を下ろしたまま、移動することができない。仮に移動するのなら、自分の意志ではなく、他人が植え替えるしかない。

つまり、どれほど故郷に帰りたいと強く願っても、ソビエトの独房から一歩も出ることができず、自分の意志で移動することもかなわない、そのような状況に置かれたときの心情を、「植物の感情」と述べているのである。

だから、誰かに植え替えてもらわなければ、恋しい故郷に帰ることはできない。

筆者にとって、**すがるような思いで、故郷の方が自分を恋い、自分に近づくべきだとするしかなかった**のである。

人が「真の絶望」に直面したとき

判決当日のことである。

保安大佐が判決文を読み始めるのだが、日本人の同僚捕虜はロシア語がわからないので、「何年か」と聞こうとロシア語を理解する私の背をつついた。

判決は重労働二十五年である。死刑が廃止された後の、実質最高刑だ。おそらくロシアの収容所で死ぬことになるだろう。

十数人の日本人にとって絶望的な判決を下した保安大佐は、必需品の配給に遅れないようにと、買い物袋を下げて慌てて退出していった。二十五年の刑期よりも、配給に遅れないことの方が彼にとっては重要だったのだ。

続いて日本語で判決文が読み上げられたとき、捕虜たちの間に混乱と恐慌が起こり、次に悲鳴とも怒声ともつかぬ喚声が沸き起こった。監視兵が走り寄ってきたが、彼らも「二十五年の刑」と聞いて同情したのか、黙ってドアを閉めた。

「故国へ手繰られつつあると信じた一条のものが、この瞬間にはっきり断ちきられたと私は感じた」

このときの心情を、筆者は「肉体的な感覚であった」と述べている。「手繰られている」ことを何としてでも信じようとしたとき、それは観念でしかなかった。ところが、**それが断ち切られた瞬間、初めてそれは肉体的な痛みを伴って感じられた**のである。翌日、筆者たちは刑務所に移動させられた。このとき、捕虜収容所から外に出たのであるが、このときの心情を筆者は、

「そのときまで私は、ただ比喩としてしか、風を知らなかった。だがこのとき、風は完璧に私を比喩とした。このとき風は実体であり、私はただ、風がなにごとかを語るための手段にすぎなかったのである」

と述べている。

独房に閉じ込められていたのだから、風は実体ではなく、筆者にとっては「比喩」にすぎなかったのだろう。そして、外に出たとき、風を実体として感じられるようになったのだが、今度は筆者自身が生きている実感が持てなかったため、それを**「比喩」的な存在**と表現したのだ。

問　傍線部で、監視兵はなぜそのような態度をとったのか、説明せよ。

解法

まず傍線部は監視兵の動作であることに注意。なぜこのような態度を取ったのかを、文中を根拠に推測する。

傍線直前に「監視兵が走り寄る声が聞こえ、怒気を含んだ顔がのぞいた」とあるので、監視兵は怒って走り寄ったのである。

では、なぜ怒ったのかというと、その前に「私たちのあいだから、悲鳴とも怒号ともつかぬ喚声がわきあがった」とある。

そうした日本人捕虜を押さえ込もうとして、怒った顔をして走り寄ってきたのである。

ところが、傍線部は「だまってドアを閉めた」とある。その理由としては、直前の「二十五年だ」と聞いたからで、この二十五年の刑期は監視兵にとっても同情に値する重いものだったとわかる。

解答

監視兵は日本人捕虜たちの悲鳴とも怒号ともつかない喚声に怒り、それを押さえ込もうと走り寄ってきたが、それが二十五年の重い刑期を宣告されたためと知り、同情の気持ちが沸き起こったから。

私たちは日本という国にいることを当然だと思い、たとえ海外に渡航したとしても、帰国することを疑いもしない。

二度と故郷に帰れないと信じ込んだ人の望郷の念は、いったいどれほどのものなのだろうか？

あるいは、生涯監獄に監禁され、飢餓状態の中で過酷な労働を強いられる人の絶望はどれほど深いのだろうか？

こうした重いテーマを、京都大学は受験生に投げかける。

私事になるが、私の曾祖父は出口王仁三郎という人物で、戦時中、治安維持法により六年八か月投獄され、拷問を受け続けた。もちろん、生きて出獄する可能性などほとんどなかったのである。

ロシアの文豪ドストエフスキーも、死刑の判決を受け、シベリアの流刑地で五年の歳月を過ごした。

そんな状況の中で、人は果たして希望を持ち続けることができるのか？

ユダヤ人の精神科医ヴィクトール・フランクルは、強制収容所から奇跡的な生還を果たした一人であるが、その著書『夜と霧』（みすず書房）の中で、客観的な視点で収容所での出来事を記録し、壮絶な環境において、囚人たちが何に絶望し、何に希望を見出したかを克明に記している。

『望郷と海』と併せて『夜と霧』もぜひ読んでほしい一冊である。

2011年度

失われた時代

長田弘《おさだひろし》

Profile

一九三九年福島県生まれ。早稲田大学在学中に詩誌『鳥』を創刊。のち同人誌『罌粟』『地球』に作品を発表するとともに雑誌『現代詩』『詩と批評』の編集に参加。六五年の第一詩集『われら新鮮な旅人』によって六〇年代の抒情詩を代表する詩人の一人となった。近年では『奇跡』(みすず書房)、『なつかしい時間』(岩波新書)、『空の絵本』(荒井良二・絵/講談社)など、詩、随筆、児童文学の多方面にわたり活躍している。

「時の忘れ物」を探す追憶の旅

本問も実に京大らしい出題である。

著者が詩人・長田弘であり、「詩人」の目線から生きる意味を見出そうとした文章であることなど、中央から一定の距離を置いた京都の地で、じっくりと学問を積み重ねようとする京大らしさが滲み出ているように思える。

筆者は、ソビエト、ポーランド、スペイン、フランス、イギリスを巡る旅の中で、「失われた時代」を生きた人々の哲学（フィロソフィー・オブ・ライフ）について思索を深めていった。

本問題文では、一日一個ずつ帽子を作るロシアの帽子屋を例に挙げ、「支配者に騙されない、真に自由な生き方」について論じている。

政治家や官僚を数多く輩出する東大とは本質的に異なる思想が、その問題文の中に凝縮されている。

問題文

「おまえはじぶんが生きなければならないように生きるがいい」という言葉が、好きだ。ロシア革命直前のモスクワの貧民街に生きる人びとの真実を生き生きとえがきだしたロシアの作家レオニード・レオーノフの最初の長篇『穴熊』の第一部にでてくる、名もない老帽子屋がポツンと呟《つぶや》く印象的な言葉だ。

この帽子屋は、生涯一日に一個の帽子をつくりつづけてきた。「おれはもう老いぼれだ、どこへゆくところがあろう？　慈恵院へも入れちゃくれねえ……おら血も流さなきゃ、祖国を救いもしなかったからなあ。しかも目の奴あ――畜生め――針を手にとりあげてみても、針もみえねえ……糸もみえねえ。だからさ、な、若えの、おら役にもたたぬところをいつも無駄に縫ってるんだ……ただこの手、手だけがおれを欺《だま》さねえんだ……」

そして帽子屋は、レーニンの軍隊がクレムリン砲撃をはじめる前日のきびしく冷めたい真夜中に「ふるくなった帽子のように」誰にも知られず、石造の粗末なアパートの隅でひっそりと死んでゆく。

ポーランドの小さな町オシフィエンツムからはじめた、失われた時代の、失われた人びとの、失われた言葉へのひとりの旅をつづけるあいだ、いつもわたしの胸の底にあったのは、若いレオーノフが感傷をまじえずに書きこんだ、その無名のロシアの帽子屋の生きかたの肖像だった。この帽子屋の生死には、生きることをじぶんに引きうけた人間に特有の自恃《じじ》と孤独が、分かちがたくまざっていた。その「じぶんが生きなければならないように生きる」一個の生きかたこそ、わたしたちがいま、ここに荷担すべき「生きる」という行為の母型なのだと、わたしにはおもえる。

　生きることをじぶんにとっての〈生きるという手仕事〉として引きうけること——帽子屋の手は、かれがどんなに老いぼれて目がみえなくなってしまっていても、その仕事をいっしんに果たしつづけた。それは、かれの仕事が、ほんとうは日に一個ずつ帽子を完成することとそれ自体にではなく、日に一個ずつ帽子をつくるというしかたで、その手をとおしておのれの〈生きるという手仕事〉をしとげてゆく、ということにあったからだった。生きるとは、そのようにして、日々のいとなみのうちにみずからの〈生きるという手仕事〉の意味を開いてゆくという、わたしの行為なのだ。

　それがどんなにいかなる政治体制のもとに圧されて果たされる生であるようにみえ、また「血も流さなきゃ、祖国を救いもしない」生にみえようと、ひとがみずからの生を〈生きるという手仕事〉として引きうけ、果たしてゆくかぎり、そこにはけっして支配の論理によって組織され、正統化され、補完されえないわたしたちの〈生きるという手仕事〉の自由の根拠がある、というかんがえにわたしはたちたい。〈生きるという手仕事〉は、それがどんなにひっそりと実現されるものであろうと、権力の支配のしたにじっとかがむようにみえ、しかもどんな瞬間にもどこまでも権力の支配のうえをゆこうとするのだ。

一九三〇年代の日本をもっともよく生きた詩人のひとりだった伊東静雄は、敗戦後、復員してすぐ軍服のままたずねてきた若い作家が、戦争中右翼的なことを強く主張し指導者面をしていた連中が早くもアメリカ仕込みの民主主義の指導者面をしていることにたいする不快感を述べると、人間はそれでいいのですよ、共産主義がさかんな時は共産主義化し、右翼がさかんな時は右翼化し、民主主義が栄えてくれれば民主主義になるのが本当の庶民というもので、それだからいいのですと、その軍服姿を戦争中のいやな軍部の亡霊をみたように不快がって、若い作家をおどろかせた、といわれる。

その挿話はわたしにはとても印象的な記憶としてのこっているが、しかしこの伊東静雄のような「庶民」のとらえかたは、わたしにはまさに「本当の庶民」像の倒錯にすぎないようにおもわれた。わたしのかんがえは、ちがう。「本当の庶民」ということをいうならば、共産主義の時代がこようと右翼がさかんな時世がこようと民主主義の世の中がこようと、人びとはけっして「共産主義化」も「右翼化」も「民主主義化」もせず、みずからの人生を、いま、ここに〈生きるという手仕事〉として果たしてゆくにほかならないだろうからだ。

〈生きるという手仕事〉を果たすという生きかたは、だから、そのときそのときの支配の言葉を販《ひさ》いで生きのびてゆく生きかたを、みずから阻んで生きるわたしの生きかたなのだ。

生きることをみずからの〈生きるという手仕事〉としてとらえかえすということは、ひとりのわたしを他の人びとのあいだで自律的につかみなおすこと、そうしてみずからの生きかたを、日々の布施に刺し子として、不断に刺縫いしてゆくということだ。『穴熊』の帽子屋のように一日一個ずつ帽子をつくってゆく行為でさえ、それが〈生きるという手仕事〉のいとなみを手離さなかったかぎりにおいて、その行為は意識的にせよ無意識にせよ、社会の支配をささえるようにみえながら同時に社会の支配をみかえす無名の行為のひとつとして、社会の支配のついにおよばない自由を生きる本質をふかくそなえていたはずだ。

ある詩人が正確に書いたように、人の生は I was born という受け身にはじまる。すなわち、ひとは偶然に生まれて、ほんとうに死ぬ存在である。こうした生のありようを、わたしたちは正しくうけいれるべきだ。なぜなら、それがわたしたちの歴史だからだ。

そうでなければ、なぜ一所懸命に、ひとは生きて、死ぬのか。いま、ここにじぶんが生きているという事実をまっすぐに引きうけることができないかぎり、わたしたちは、ほんとうに死ぬものとしてのじぶんをもみうしなってしまうだろう。「おまえはじぶんが生きなければならないように生きるがいい」という言葉が、好きだ。生きてゆくというのは、生のもつあいまいさ、貧しさ、複雑さを、つまりわたしたちの世界にはなにかしら欠けたものがあるという酸っぱいおもいを切りかえし、切りかえしして生きてゆくことであり、それは、一見どんな怯懦《きょうだ》に、また迂遠《うえん》にみえようと、支配することをせずに、しかも支配の思想をこえる途をつつみもつひとりのわたしの生きかたをみずからの〈生きるという手仕事〉のうちにつらぬいてゆくことだ。

失われた時代の、失われた人びとの、失われた言葉への旅をとおして、わたしがじぶんの目とじぶんの足で確かめたかったのは、〈生きるという手仕事〉を自覚してじぶんに引きうけた人たちの生きかたが、わたしたちのいま、ここに遺《のこ》した未来だ。遺されたその未来にむけて、わたしは、「おまえはじぶんが生きなければならないように生きるがいい」というロシアの老帽子屋の言葉を、「おまえは希望としての倫理によってではなく、事実を倫理として生きるすべをわがものとして、生きるようにせよ」というふうに、あらためていま、ここに読みかえることで、その言葉を、さらに今後に記憶しつづけてゆきたいのである。

出典：長田弘『失われた時代――1930年代への旅』（筑摩叢書）

解説

冒頭、ロシアの作家・レオニード・レオーノフの長編『穴熊』からの引用で始まる。生涯、一日一個の帽子を作り続けてきた帽子屋の**「おまえはじぶんが生きなければならないように生きるがいい」**という言葉である。

補足説明をしておくと、この『穴熊』という作品は「ロシア革命直前のモスクワの貧民街に生きる人びとの真実」を描いたものである。共産党の独裁支配に抵抗する農民の反乱の中で敵と味方に分かれた兄弟の運命を通して、「都市と農村」の対立という形でロシア革命をとらえている。

この帽子屋は「血も流さなきゃ、祖国を救いもしなかった」、そして、レーニンの軍隊がクレムリン砲撃を始める前日に、誰にも見られずに、ひっそりと死んでいった。

筆者は**この帽子屋の言葉、生き方こそ、「生きる」という行為の母型である**と指摘する。

彼は自分の手だけを信じて、一日一個の帽子を死ぬまで作り続けた。その「生きるという手仕事」としての生き方を、なぜ筆者は評価するのか？

「〈生きるという手仕事〉は、それがどんなにひっそりと実現されるものであろうと、権力の支配のしたにじっとかがむようにみえ、しかもどんな瞬間にもどこまでも権力の支配のうえをゆこうとするのだ」

ロシア革命の前夜、多くの民衆は権力者に支配され、苦しめられていた。レーニン軍は華々しく民衆のために血を流し、共産党政権を樹立した。だが、その後スターリンによる粛清など、結局は**「支配の論理によって組織され、正統化され、補完され」たにすぎないことは歴史が証明している**。

それに対して、ロシアの帽子屋は「血も流さなきゃ、祖国を救いもしなかった」が、たとえどのような政治体制のもとでも、その支配の論理に屈しなかったのであり、そこに自由の根拠がある。

「技術」で権力に抵抗する

ロシアの帽子屋が信じたのは、自分の手だけであった。

彼は「ただこの手、手だけがおれを欺さねえんだ」という。手は身体の一部であり、感覚的であり、それゆえ、理性とは異なる判断をすることがある。

それに対して、目は視覚的であり、理性的である。だが、それは理性的であるがゆえに、支配者の論理にいともたやすく騙されてしまう。

日本でも昭和初期に、多くの知識人や学生たちがマルクス主義を信じ、革命を夢見た。その後、日本は軍国主義に転じ、皇国史観が支配的となった。

誰もが目を信じたために、支配者の論理に簡単に騙されてしまったのだ。

だが、**手はどんな政治体制になろうとも、決して騙されることはない**。ロシアの帽子屋は自分の手だけを信じて、一日一個の帽子を死ぬまで作り続けたのだ。

本当の「庶民」の姿

次に伊東静雄の庶民観を紹介するが、実は、次の段落でそれをひっくり返していく。自分の主張と反対のものを引用し、次にそれを否定することで、自分の主張の正しさを印象づけることができる。そういった論理の手法である。

そこで、対立関係を意識して、両者の主張を整理する。

「共産主義がさかんな時は共産主義化し、右翼がさかんな時は右翼化し、民主主義が栄えてくれば民主主義になるのが本当の庶民というもので、それだからいいのです」

と述べたのが伊東静雄で、筆者はその考えを**「『本当の庶民』像の倒錯」**だと断じる。

では、筆者の考える庶民像とは何かというと、それがロシアの帽子屋なのである。「共産主義の時代がこようと右翼がさかんな時世がこようと民主主義の世の中がこようと、**人びとはけっして『共産主義化』も『右翼化』も『民主主義化』もせず、みずからの人生を、いま、ここに〈生きるという手仕事〉として果たしてゆく**」

そこに真に自由な庶民の姿がある。

「受け身」という生き方

ここで冒頭の「おまえはじぶんが生きなければならないように生きるがいい」という言葉を想起してほしい。これが何を意味するのか？

生きたいように生きるのではなく、生きなければならないように生きるのである。

ここに**人生の受け身性**がある。

「人の生は I was born という受け身にはじまる。すなわち、ひとは偶然に生まれて、ほんとうに死ぬ存在である。こうした生のありようを、わたしたちは正しくうけいれるべきだ」

確かに私たちは自分の意志で生まれてきたわけではない。それは確かに受け身かもしれないが、それを**自分特有の人生として積極的に受け入れることで、逆に自律的な人生を生きることになる**のである。

「生きてゆくというのは、生のもつあいまいさ、貧しさ、複雑さを、つまりわたしたちの世界にはなにかしら欠けたものがあるという酸っぱいおもいを切りかえし、切りかえしして生きてゆくこと」

とあるように、生きるということは、いかに現実が不条理であり、過酷なものであっても、それを正面から与えられたものとして引き受け、懸命に生の営みを続けることなのである。

それがロシアの帽子屋の生き方なのである。

出口厳選　理解が深まる良問

問　傍線部の「希望としての倫理によって」生きることと「事実を倫理として生きる」ことの違いをわかりやすく説明せよ。

解法

「希望としての倫理によって」生きることについては、問題文について特に記述がない。

そこで、「事実を倫理として生きる」ことを掴まえ、それと対立関係にあることから、全体の要旨も踏まえた上で推測するしかない。そういった意味では、論理力を試される難問だと言えよう。

「倫理」とは、人がいかに生きるかである。

「事実を倫理として生きる」とは、ロシアの帽子屋の生き方で、支配者の論理に踊らされることなく、自分の生き方を与えられたものとして引き受けて生きることである。

それに対して、「希望としての倫理によって」生きるとは、それと逆の生き方で、本文全体の要旨に従えば、共産主義や右翼、民主主義といった支配者の論理に踊らされ、「希望（理想）」の社会を実現しようとする生き方だと言える。

解答

「希望としての倫理によって」生きることは、支配者の思想を信じて、理想社会の実現に向けて生きることであり、結局は支配者の論理に補完され、自由を手放すことになる。それに対して、「事実を倫理として生きる」ことは、支配者の思想に踊らされることなく、与えられた自分の生き方で、過酷な現実を生き抜くことであり、そこに真の自由がある。

問題文は長田弘の『失われた時代─1930年代への旅』からの出題であり、後記には「この本は、風景を読み、言葉を歩くことをとおして、ひとりの思想紀行として、一九七一年のソヴィエト、ポーランド、七二年のスペイン、フランス、七五年のイギリスへの、すべて個人的な旅にもとづいて書かれた」とある。

様々なヨーロッパの戦争体験を取り上げ、最後にはアウシュビッツを訪れ、「わずか二十六年前の信じがたい大量虐殺をすらもはや現在においで観光の対象としてしまっているわたしたちの戦後というもののありようではないのか」、「わたしたちが死者をおもいおこすとき、死者がわたしたちにおもいおこさせるのは、ほんとうは過去なのではない。いま、ここにあるわたしたちの現在のありようなのだ」と述べている。

筆者は自分の足で一九三〇年代に戦場となったヨーロッパを旅し、支配者の論理がいかに民衆を殺戮《さつりく》していったのか、そうした視点から、この現代への視座を投げかけているのだ。

二〇一五年で、戦後七十年が経過することになる。前項の石原吉郎の『望郷と海』のような、実体験をもとにした作品が残されてはいるが、徐々に人々の記憶から風化し、戦争が「失われた時代」となってしまう危険性もある。

そのような状況において、筆者のように、実際に現地を旅し、「風景を読み、言葉を歩く」という営みはきわめて重要なものであると言える。

思想家の東浩紀氏は、その著書『弱いつながり―検索ワードを探す旅』（幻冬舎）の中で、アウシュビッツを例に挙げ、たとえ「観光客」としてでも、「その場所に宿る歴史の記憶」を経験することの重要性を説いている。

本書の読者諸氏には受験生も多くいると思うが、大学に合格してからでもいいので、ぜひ手遅れになる前に「失われた時代」を探す旅に出てほしいと思う。

2006年度
（後期）

地上一寸ということ

上《う》田《えだ》三《み》四《よ》二《じ》

Profile

一九二三年兵庫県生まれ。歌人、評論家、小説家、内科医。一九四八年京都帝国大学医学部卒。在学中より作歌を始め、評論・創作の両分野で活躍。六一年には「斎藤茂吉論」で群像新人文学賞（評論）、「逆縁」が小説部門の選外最優秀作となる。同年上京し、国立東京病院に勤務。『うつしみ』（平林たい子賞）、没後刊行された『祝婚』（川端康成文学賞）などのほか、受賞多数。『上田三四二全歌集』（短歌研究社）がある。

「悪」に抵抗する作法

上田三四二は京都帝国大学医学部卒の、医者であり、歌人である。本問題文は『この世 この生―西行・良寛・明恵・道元』（新潮文庫）のあとがきとして書かれている文章である。筆者は自身も大病を患いながら「死」と対峙し、西行・良寛・明恵・道元という四人の先人たちの思想を読み解こうとした。

そして、「歌は愛の声であり、浄念（清い思い）だ」と唱えた筆者は、その思いを、花や月を詠んだ漂泊の歌人・西行に託したのである。

病魔と格闘しながら、医者として、歌人として「死生観や生命」について思索を続けた筆者の文章である。人生について深く考えるために、ぜひ読んでおくべきだろう。

受験戦争のまっただ中にいる受験生に、筆者の思いは届くであろうか？

出題者が一年かけて選んできた問題文には、それだけ大学側の受験生へのメッセージがあるはずである。

なぜ、京大がこの文章を選んだのか。それを考えながら、読解してほしい。

問題文

相変らず花を歌っている。私の気持ちからいえば歌わせてもらっている。今日も散歩に出て、みずひきの朱《あけ》を目にとめて帰ってきたところだ。そのようにして歌びとたる私の日は暮れてゆく。

済まないような気持ちである。もろもろの、この世に充満する修羅《しゅら》の現状にたいして、済まないような気持ちだ。数年まえまで、診療に従事して、直接世間とかかわりをもっていたその過去の自分自身にたいしてさえ、何か後ろめたい気がする。

だが、望んでいた隠遁《いんとん》の日々がおとずれたのである。そして、いまのこの世離れた日々を生きる私の世間に向かってなしうることといえば、「ほら、みずひきが咲きましたよ」と告げることくらいである。「あの朱ひとすじの可憐《かれん》な花を、咲くと呼んでいいのかしら。花に出る、といった感じですね」、そんなことを語りかけることが出来るだけである。何という消極、何という退嬰《たいえい》。私は一人の病人の相談相手になることもなく、一粒の米も一株の野菜も作ることなく、無為徒食《むいとしょく》に遊んでこころ花に満ち、そのこころをせめて、短歌という言葉に載せて世間に返すことが出来ればと思うばかりだ。

しかしこの消極を、かけても消極と観じなかった歌人がいる。西行がそれだ。

西行は末世の時代を生きた。観念としての末世ではなく、釈迦入滅《しゃかにゅうめつ》ののち正、像、末と経過して行くその末法の世というものがまさしく彼の時代であり、その否定しようのないあらわれが古代の崩壊を告げる源平の争乱だった。時人にとって、眼前は暗黒であった。その暗黒の世に生きて、西行は木曾義仲《きそよしなか》の死を聞いて「木曾と申す武者、死に侍りけりな」と言い放ち、合戦の悲惨を「うちつづき人の死ぬる数きく、おびただし。まこととも覚えぬ程なり」と嘆き、「こは何事のあらそひぞや」と叱咤《しった》する。武人佐藤義清《のりきよ》であった者の声ゆえに、声は切実だと言わねばならない。

ここから、西行が源平の争乱という血なまぐさい時代のなかに行じた花月への詠歌懸命の道が、殺なく争なき人間の世を願ってのことだった、と知られる。彼はその願いを花月への憬れ《あこが》という一見迂遠《うえん》で逃避的な道筋をたどって、勇猛に、果敢に実行したのである。

憬れとは、もと、心が身を離れることを言う。花月に憬れる西行の心は身を離れて浮上しようとし、「吉野山こずゑの花を見し日より心は身にもそはずなりにき」といった状態になるが、西行にあっては心の浮力は強大で、かつまた心がすっかり身を離れてしまえばそれは死を意味するから、身は心を離すまいとし、かくして、心を離すまいとする身は心の浮上につれてともにいくばくか浮き上がる。私の見るところ、西行は一寸《いっすん》浮き上がるのである。

一寸を軽く見てはならない。重力に抗して人間の身を地上一寸に浮かべるのにいかに強大な心の浮力を必要とするか。西行はそれを、花月への〝託心〟によって実行した。

花と月は現実の至美至純なるものである。西行にとってはとりわけそうで、それゆえそれらは空の高みに懸かり、この世のものでありつつ半ばこの世のものならぬ魅惑に満ち、彼の憬れを誘うのだ。

西行の花月によせる悲しいばかりに美しい歌声は、殺と争を事とする人間世界を一寸下に敷きつめていることによって、しんじつ悲しいのである。彼の歌はこう言っている。「一寸浮きたまえ。そのためにこの世に花があり、月がある。そして人間がみな一寸浮きさえすれば、殺なく争なき現世浄土が出現するのだ」と。

ひるがえって二十世紀も間もなく終ろうとする現時現在を顧みると、この今が正真正銘の末世と思えてくる。いやそうは思いたくないが、想像をこえる核兵器の蓄積と、その蓄積を廃絶に向けるどころかかえってシェルターの強化につとめるような人間の悪を目のまえにして、末世は今と思い定めないでいられるだろうか。かつてのキューバの戦慄《せんりつ》をこのたびのミサイルの実射に重ねて、核あるかぎり、人間の上に二十一世紀の未来を考えるのは、よほど楽天的でなければかなわぬことのように思われてくる。

何時《いつ》のほどよりか私のなかに芽生えた固定観念に、「殺される我ら」という観念がある。このおそれは幻想ではない。「殺す彼ら」の影としてスターリンの影があり、ヒトラーの影があり、またたしかポル・ポトと呼んだものの影もそこにある。彼らほどはっきりと目には見えなくとも、国家というものは多かれ少なかれ、そうした殺を好む者の影の分与を受けた者の手によって取りしきられているという恐怖の認識が私にはある。そうでなければ、どうして地球がこのような〝核地球〟になってしまったのか、納得がいかない。

西行にそそのかされて、身の丈に合わぬもの言いをしているが、現世浄土を求める地上一寸の声の真にとどいてほしいのは、「殺す彼ら」の側に立つ人達にたいしてである。殺においてもっとも端的にあらわれる、人間の悪に対してである。

私が地上一寸にいるかどうか、自分にはわからない。が、閑居《かんきょ》の無事に居ることは確かで、かく閑居の無事に居る私に出来ることといえば、「みずひきが咲きましたよ」、この声を、殺と争へのきよめとして世間に送りつづけること、この一事である。

出典：上田三四二「地上一寸ということ」（新潮文庫『この世　この生―西行・良寛・明恵・道元』所収）

解説

随筆は、**筆者の心情を客観的に把握することが肝要**である。

筆者は歌人であり、医者であったが、今は隠居生活をおくり、目に留まる花を歌にしている。

「私は一人の病人の相談相手になることもなく、一粒の米も一株の野菜も作ることなく、無為徒食に遊んでこころ花に満ち、そのこころをせめて、短歌という言葉に載せて世間に返すことが出来ればと思うばかりだ」

筆者は年老いて隠居生活を送るわけだから、それは消極的な選択だったと言えるところが、それを積極的に行った人物がいる。それが西行法師であった。

西行は俗名佐藤義清、出自は藤原氏で、平安末期、鳥羽院の北面の武士であったが、何を思ったのか、二十三歳の若さで出家した。

彼は歌人としても才能を発揮し、文武両道の、まさにエリートだった。一説には容姿端麗だと聞く。そんな西行が何を思ったか、突然世を捨て、草庵をいとなみ、漂泊の旅に出る。

後に、芭蕉も「奥の細道」で自分の旅を西行のそれと重ねている。西行はまさに積極的に隠遁し、花月を歌に詠み込んだのだ。

「世界の終わり」を見た西行

「西行は末世の時代を生きた。観念としての末世ではなく、釈迦入滅ののち正、像、末と経過して行くその末法の世というものがまさしく彼の時代であり、その否定しようのないあらわれが古代の崩壊を告げる源平の争乱だった」

西行の出家の理由は諸説があり、定かではない。しかし、西行は戦乱の世に絶望し、花月を歌うことによって、殺し合いのない世の中を願ったことだけは間違いがない。

この時の西行の心情を、私たち現代人の価値観で捉えてはならない。西行は仏門に入ったのだ。仏教では平安時代末期には末法の世に入ったと説いた。

実際、西行の目に映るのは、源平争乱の果てしない殺し合いである。西行がそれを世の終わりと思い込んでも無理はない。

何の権力も持たない流浪の人・西行が、権力でもってこの争乱を収めることなど到底不可能である。それなら、**歌と仏門によって浄化を試みる**以外に、他にどんな方法があるというのか。

世俗から「一寸」だけ離れる

筆者は「憬れ」とは、もともと心が身を離れることだという。花や月を見るときは、西行は暗黒の世から身を離すことができたのであろう。

その時、西行は一寸浮き上がるのである。

この「一寸」という微妙な距離が重要ではないか。

地上につながれている限りは、この暗黒の世から目を背けることはできない。いくら隠遁しようとも、あるいは漂泊しようとも、至る所で殺戮《さつりく》は行われているし、この地上を覆い尽くした悪と否応なく関わり合うことになる。

だが、完全に地上から離れることは死を意味するし、そこまで行かなくても世を捨てることになる。

西行は世を完全に捨てることはできないのである。

西行は、

「世の中を　捨てて捨てえぬ　心地して　都はなれぬ　我が身なりけり」

と歌う。出家したはずなのに、家族を残してきた都のことがどうしても忘れられないと嘆いたのである。

「花に染む 心のいかで残りけん 捨て果ててきと 思ふわが身に」

出家をして、この世を捨ててきたはずなのに、どうしてこんなにも桜の花に心が奪われてしまうのだろう。

完全に地上を離れれば、この世への執着はなくなり、かえって精神的には楽になったはずである。

ところが、西行はどうしても現世への執着を捨てきることができない。花はこの世の花で、**花に心を奪われることで、地上一寸だけその心は身を離れることができるのだ。**

「西行の花月によせる悲しいばかりに美しい歌声は、殺と争を事とする人間世界を一寸下に敷きつめていることによって、しんじつ悲しいのである。彼の歌はこう言っている。『一寸浮きたまえ。そのためにこの世に花があり、月がある。そして人間がみな一寸浮きさえすれば、殺なく争なき現世浄土が出現するのだ』と」

だから、**西行は花を歌い、月を歌い続けるしかない。**

現代は「末法の世」なのか

筆者の思いは、一転、現代へと向かう。

「ひるがえって二十世紀も間もなく終ろうとする現時現在を顧みると、この今が正真正銘の末世と思えてくる。いやそうは思いたくないが、想像をこえる核兵器の蓄積と、その蓄積を廃絶に向けるどころかかえってシェルターの強化につとめるような人間の悪を目のまえにして、末世は今と思い定めないでいられるだろうか」

今や核兵器が地球を覆い尽くし、原発事故が起こり、世界中の多くの子どもたちが飢餓状態にある。紛争や戦争は相変わらずなくなることはない。

筆者は「殺す彼ら」と「殺される我ら」というロジックを持ち出して、**現世浄土を願う「地上一寸の声」が「殺す彼ら」に届いてほしい**と切望する。

「殺す彼ら」はいつだって権力を維持するために、殺す側の論理を持ち出し、それを正当化しようとする。「平和のため」「正義のため」「国家のため」と。だが、殺されるのは「我ら」の側なのだ。

隠居生活を送る筆者に、権力と立ち向かう術はない。だから、「地上一寸の声」を歌にするしかない。

最後に、筆者は「かく閑居の無事に居る私に出来ることといえば、『みずひきが咲きましたよ』、この声を、殺と争へのきよめとして世間に送りつづけること、この一事である」と結ぶ。

上田三四二の短歌は、西行の短歌に似て、哀しい浄化の歌である。

問　傍線部について、筆者の意図するところを、わかりやすく述べよ。

解法

傍線直前を検討すると、「私」に対して、「かく閑居の無事に居る」とあるので、筆者が今隠居生活を送っているから、積極的に社会と関われないことがポイントの一つ。

さらに、「無事に居る」という言葉、「殺と争」という言葉から、世界が争いを繰り返しているということが二つ目のポイント。

西行法師は地上一寸に留まることで、この世の悪を清めようとしたのであるが、筆者も同じように花を歌うことでせめてこの世の悪を清めようと願っていることが三つ目のポイント。

以上のポイントをまとめたのが、解答である。

解答

戦争や虐殺が繰り返される末法とも言える現代において、隠居生活を送っている筆者が、せめて花の美しさを歌うことで、西行が花月を詠んで悪を浄化しようとしたように、人間の悪で汚れきった地上が浄化されるように願っているという意図。

筆者は「殺す彼ら」「殺される我ら」というキーワードで、現代のとらえどころのない悪を表現しようとしたが、現代は「殺される我ら」に殺される自覚がなく、「殺す彼ら」にもその自覚がない。

作家の本多勝一がかつて、「殺す側の論理」「殺される側の論理」という言葉で、この現代の不気味なありようを語った。

たとえば、武士が刀で相手を斬り殺したなら、殺した側にもその実感が肉体に残っただろうし、殺される側も誰に殺されたか意識せざるを得ない。

だが、仮に原子爆弾が投下されたなら、私たちはいったい誰に殺されたのか、それさえも分からないまま死んでいくことになる。

殺す側は自己の殺人を正当化するために、饒舌《じょうぜつ》になる。「正義のため」「祖国のため」と美しい言葉をいくら並べても、何の罪もない人を殺す行為に変わりはない。

福島第一の原発事故による放射能により日本列島は汚染されたが、その実行主体としての自覚を持つ者はいるのだろうか？

医療問題、薬害問題、食糧問題と、「殺される我ら」はいつでも理不尽な死を強要される可能性の中で、日々生活を営んでいる。

私たちは西行のように、花月に思いを託して、穢土《えど》と化したこの世の浄化を願うしかないのか。

そこに、現代の不気味なありようがある。

「近代文語文」を楽しむために

本書でも度々言及しているが、明治になって、日本は西洋の学問・思想を早急に翻訳し、それを吸収する必要に迫られていた。

ところが、西洋の文化はキリスト教を土台とする形而上的な色合いが強く、江戸時代までの日本語にはそれを表現する語彙《ごい》が乏しかった。そこで、明治の知識人たちは苦心の末、抽象概念を漢語に置きかえて、様々な西洋の書物を翻訳していったのである。

さらには、口語文と文語文を近づけ、新しい日本語の文章を模索しようと、言文一致運動が起こってくる。

そういった歴史的背景の中で、過渡的に生まれてきたのが「近代文語文」なのである。

そういった意味では、近代文語文で書き表された文章は、近代化の過程で起こる様々な問題を孕《はら》んだものが多く、今、現代の問題を考えるときに、それは私たちに多くの示唆を与えてくれる。

一方、近代文語文の読解問題は、私たちの論理的思考能力を試すのに絶好の材料だという一面もある。

漢文調の文章は論理的であり、さらには、比喩の多用、対句的な表現など、論理によって、知らない単語やなじみのない背景知識を推測することができるのである。

そういった意味では、社会人が近代文語文で論理的思考を鍛えるのも、有効なトレーニング方法の一つである。講談社学術文庫から出版されている『森鷗外の「知恵袋」』などが、思考力を鍛えるには最適である。

近代文語文には、森鷗外の『舞姫』に代表される雅文調と、漢文調の文章とがあるが、京大が好んで出題するのは後者である。いや、「後者だった」と言ったほうがいいかもしれない。なぜなら、二〇〇二年以降、京大で近代文語文は出題されていないからである。

近代文語文を出題する大学は、そう多くはなく、一橋大学など一部の大学である。だが、私は、読解力を培うのに最適な近代文語文の価値を、改めて見直すべきだと考えている。第四章ではこういったことを念頭におき、読解に取り組んでほしい。

第4章

近代文語文で論理力を鍛えるための2問

1983年度

学問のすゝめ

福沢諭吉《ふくざわゆきち》

Profile

一八三五年中津藩の下級武士の子として大坂蔵屋敷に生まれる。幕末・明治の啓蒙思想家・教育者。緒方洪庵に蘭学を学ぶ。欧米に渡り各国を視察、『西洋事情』を刊行し欧米文明の紹介に努める。また慶應義塾を創設し啓蒙活動を展開、『学問のすゝめ』は人間平等宣言と〈一身独立・一国独立〉の主張により、ベストセラーとなる。また「時事新報」を創刊し、政治・時事・社会問題や婦人問題などに幅広く論説を発表した。

「欲望」に呑みこまれる時代

最後に近代文語文を二題取り上げよう。実は、京大は、ここ最近は見られなくなったが、二〇〇二年までは毎年近代文語文を出題していた。

これも京大の大きな特徴と言えよう。古典を重視し、深い伝統文化の中で現代を捉えていこうとする京大の学問に対する姿勢を表しているように思える。

福沢諭吉の『学問のすゝめ』からの出題である。

江戸時代までは、士農工商という身分制度のために、農民に生まれた人間は生涯農民であって、どんなに努力しても出世する可能性すらなかった。

それが明治になって、大きく変わってきた。学問を積み、能力さえ発揮できれば、たとえ身分が低くても出世する可能性が生まれてきたのである。

ところが、ここに大きな陥穽《かんせい》があったのだ。福沢諭吉は青年に学問を勧めながら、同時にその危険性を察していた。そして、現代は福沢諭吉が危惧したとおりになった。

欲望を解放したからである。

問題文

一杯、人、酒を呑み、三杯、酒、人を呑むと云ふ諺《ことわざ》あり。今此諺を解けば、酒を好むの慾を以て人の本心を制し、本心をして独立を得せしめずと云ふ義なり。今日《こんにち》、世の人々の行状を見るに、本心を制するものは酒のみならず、千状万態の事物ありて、本心の独立を妨《さまたぐ》ること甚だ多し。此の着物に不似合なりとて彼《か》の羽織を作り、此の衣裳《いしよう》に不相当なりとて彼《か》の煙草入《たばこいれ》を買ひ、衣服既に備はれば、屋宅《おくたく》の狭きも不自由と為《な》り、屋宅の普《ふ》請初《しんはじめ》で落成すれば、宴席を開かざるも亦《また》不都合なり、鰻飯《うなぎめし》は西洋料理の媒酌《ばいしやく》と為り、西洋料理は金の時計の手引きと為《な》り、此《これ》より彼《かれ》に移り、一より十に進み、一進又《また》一進、段々限《かぎり》あることとなし。此趣《おもむき》を見れば、一家の内には精神なきが如く、一身の内には精神なきが如く、物よく人をして物を求めしめ、主人は品物の支配を受けて、之に奴隷《どれいし》使せらるゝものと云ふ可し。

尚《なお》これより甚《はなはだ》しきものあり。前の例は品物の支配を受《う》くる者なりと雖《いえ》ども、其品物は自家の物なれば、一身一家の内にて奴隷の境界に居《お》るまでのことなれども、爰《ここ》に又他人の物に使役せらるゝの例あり。彼《か》の人が此洋服を作《つく》りたるゆゑ、我も之を作ると云ひ、隣に二階の家を建《たて》たるがゆゑに、我は三階を建《たつ》ると云ひ、朋友の品物は我買物の見本と為《な》り、同僚の噂咄《うわさばなし》は我注文書の腹稿と為《な》り、色の黒き大の男が節《ふし》くれ立《だち》たる其指に、金の指輪は些《ち》と不似合と自分も心に知りながら、此《これ》も西洋人の風なりとて、無理に了簡《りょうけん》を取直して銭《ぜに》を奮発し、極暑の晩景、浴後には浴衣《ゆかた》に団扇《うちわ》と思へども、西洋人の真似なれば、我慢《がまん》を張《はっ》て筒袖《つつそで》に汗を流し、只管《ひたすら》他人の好尚に同じからんことを心配するのみ。他人の好尚に同《おなじ》ふするは尚且《なおかつ》許す可し、其笑ふ可きの極度に至《いたり》ては、他人の物を誤り認め、隣の細君が御召縮緬《おめしちりめん》に純金の簪《かんざし》をと聞《きき》て大《おおい》に心を悩まし、急に我もと注文して、後に能々《よくよく》吟味すれば、豈《あに》計らんや、隣家の品は面縮緬《めんちりめん》に鍍金《めっき》なりしとぞ。斯《かく》の如きは、則《すなわ》ち我本心を支配するものは、自分の物に非《あら》ず、又他人の物にも非《あ》らず、煙の如き夢中の妄想に制せられて、一身一家の世帯《せたい》は妄想の往来に任ずるものと云ふ可し。精神独立の有様とは多少の距離ある可し。其距離の遠近は、銘々にて測量す可きものなり。

出典：福沢諭吉『学問のすゝめ』（岩波文庫）

解説

近代文語文は現代人から見れば古文に近い文章のように思えるが、ほとんどの言葉は現代と変わりがない。

だから、現代人になじみのない言葉は、**論理構造や文脈から推測**していく必要がある。

「イコールの関係」を把握する

冒頭、ことわざの引用から始まっている。

最初の一杯の酒は飲みたいから飲むという、自分の意志によるものだが、三杯目からは飲みたいからではなく、惰性《だせい》から飲んでしまう。

つまり、酒を好む欲望が本心を支配し、その本心を独立させないということなのである。

どこでそれを一般化するのかと読んでいけば、「今日、世の人々の行状を見るに、本心を制するものは酒のみならず、千状万態の事物ありて、本心の独立を妨ること甚だ多し」だと分かる。

本心を支配する欲望は酒だけでなく、様々なものがあるというのだから、次に、様々な欲望の具体例を挙げる必要がある。

それらの具体例は、すべて「**イコールの関係**」であり、欲が自分の本心を支配してしまう例であることは、読まなくてもすでに分かっている。後は確認作業だけである。

物欲とは「物の奴隷」になること

今、新しい着物を買ったとしよう。もちろん、この着物は必要だから、自分の意志で買ったものである。

ところが、今度は今までの羽織では、新しい着物には合わないと感じるようになる。そこで、新しい羽織を買うと、今度はそれにふさわしい煙草入れがほしくなる。

今でいうと、お洒落な洋服を買うと、それにふさわしいブランドのバッグや小物までそろえたくなるようなものだ。

立派な衣装を着ると、今度はそれにふさわしい家に住みたくなる。そこで、無理をして、高級マンションを借りたりする。すると、その住居にふさわしい金持ちの客を招きたくなるものである。

自分の意志で買ったのは新しい洋服だけで、後は欲に駆られて次々と必要のないものを買ってしまう。まさに三杯目の酒である。

ウナギ飯を食べると、今度はそれでは満足できなくなり、高級な西洋料理を食べたくなる。高級な料理店に出入りすると、今度はその場にふさわしい金時計がほしくなる。

そういった人間の性《さが》は明治の頃も今も全く変わっていない。

このように**欲につられていくと、やがて物の奴隷となり、本心の独立などできなくなる**と、筆者は警告しているのである。

「尚これより甚しきものあり」

とあるので、以下、筆者は物の奴隷になる例をさらに挙げることになるが、程度が甚だしいとある限り、どのように程度が甚だしいのか、それを整理すると、自ずと設問の答えが出てくるものである。

「前の例は品物の支配を受《うく》る者なりと雖《いえ》ども、其品物は自家の物なれば、一身一家の内にて奴隷の境界に居《お》るまでのことなれども、爰《ここ》に又他人の物に使役せらるゝの例あり」

前の例とは、着物やウナギ飯の例で、これらは物に支配されているが、あくまで支配しているのは自分の所有物である。

それに対して、程度が甚だしいのは、他人の物に支配されることだとし、次にその具体例を挙げている。

その具体例が長いので、どこで一般化するのかを考えてみると、「只管《ひたすら》他人の好尚に同じからんことを心配するのみ」とある。

つまり、**人の持ち物をうらやましいと思い、それと同じ物をほしがるのは、他人の物の奴隷となっていること**だと、筆者は指摘するのである。

物の奴隷の「三段階」

最もひどい場合を、筆者は次のように指摘する。

「其笑ふ可きの極度に至《いた》ては、他人の物を誤り認め、隣の細君が御召縮緬《おめしちりめん》に純金の簪《かんざし》をと聞《きき》て大《おおい》に心を悩まし、急に我もと注文して、後に能々《よくよく》吟味すれば、豈《あに》計らんや、隣家の品は面縮緬《めんちりめん》に鍍金《めっき》なりしとぞ」

隣の奥さんが絹の縮緬に純金のかんざしをしていると聞いて、自分も注文したところ、実は奥さんの持ち物は綿縮緬にメッキのかんざしだったという例を挙げ、筆者はこれは他人の物を見間違えて、それと同じものをほしがったのだから、最も程度が甚だしいと述べているのである（ちなみに、縮緬とは絹織物の一種で、御召縮緬は最高級品とされる）。

「我本心を支配するものは、自分の物に非《あら》ず、又他人の物にも非《あ》らず、煙の如き夢中の妄想に制せられて、一身一家の世帯《せたい》は妄想の往来に任ずるものと云ふ可し」

この例では、心が「自分の物」や「他人の物」ではなく、単なる「妄想」に支配されてしまっていると述べているのだ。

つまり、筆者は物の奴隷となる状態を、「自分が所有する物の奴隷となる状態」「他人が所有する物の奴隷となる状態」「妄想の奴隷となる状態」と三段階に分け、最後に物の奴隷ではなく、精神の独立をするべきだと説いているのである。

出口厳選　理解が深まる良問

問　傍線部に「其距離の遠近は、銘々にて測量す可きものなり」という。なぜ「銘々にて」といういいかたがしてあるのか、考えて説明せよ。

解法

傍線部の指示語「其」は、直前の「精神独立の有様とは多少の距離ある可し」を指している。「銘々にて」は「各々、それぞれ」といった意味である。

つまり、物の奴隷となる状態には三段階あるように、精神の独立にも様々な程度がある。その程度は各自おのおのが判断すべきだということ。

設問に「考えて説明せよ」とあるので、その理由は直接書いてないと考えていいだろう。だから、自分で考えて答えよということである。

もちろん、自分勝手に答えていいわけはなく、あくまで文中を根拠に論理的に考えなければならない。

入試問題である限り、答えはいつだって一つになるように作られている。

今、筆者の主張は「精神の独立をするべきだ」ということ。それなら、自分の精神の独立の程度も他人が決めるのではなく、自分自身で判断しなければならないということである。

解答

筆者は物の奴隷となることを戒め、精神の独立こそ測るべきだと主張している。それには、自分がどの程度精神の独立した理想状態から離れているかを、他人の尺度ではなく、自分自身で判断しなければならないから。

補講

冒頭で少し触れたように、京都大学は二〇〇二年度まで毎年近代文語文を出題してきた。これも京大の大きな特色であった（近年は、小説の出題が多い）。

近代文語文は現代人から見たら、古文のように思えるかもしれない。だが、使用されている言葉のおおかたは現代語と変わりはない。

確かに一部現代人にはなじみがない表現があるかもしれないが、それは論理構造と文脈から推測できるはずである。

逆に言うと、近代文語文の問題を解くことで、論理的思考能力を鍛えることができるということだ。

福沢諭吉の『学問のすゝめ』の初編が刊行されたのは、明治五年。まさに明治政府が起こり、「文明開化」からまもなくのことである。初編は二十万部のベストセラーとなり（当時の日本の人口は約三千五百万人）、その後も数多くの日本人に読み継がれてきた。

『学問のすゝめ』は、誰でも学問次第では立身出世が可能であると書かれており、功利主義的な側面もあるが、これもその時代背景を考えれば、驚くほど進んだ思想だったと言える。

だが、それ以上に私が感嘆するのは、あの時代に、欲望を解放することで、人が独立の精神を見失い、物の奴隷となってしまうことを警告したことである。

「want」という単語には「欲望」という意味と同時に、「欠乏」という意味がある。

私たちは物を欲すれば欲するほど、よりもっと物が欲しくなってしまうのである。

この現代を考えたとき、近代化の当初にあっての、この福沢諭吉の予言は恐ろしいほど的中してしまったのではないか。

私たちは今や物の奴隷となり、自分の欲望をコントロールできなくなってしまった。

欲望のおもむくままに物を生産し、環境を破壊していては、やがて取り返しのつかないことになるだろう。

1989年度

南京新唱序

山口剛《やまぐちたけし》

Profile

一八八四年茨城県生まれ。国文学者。早稲田大学文学部教授となり、近世文学および中国文学を講じた。和漢古典についての深い学識を通して近世文学研究の基礎を築き、井原西鶴、近松門左衛門の研究で知られる。『日本名著全集』諸巻における翻刻・解説は今なお高い評価を受けている。『西鶴・成美・一茶』や遺稿集『江戸文学研究』などの諸業績は、『山口剛著作集全六巻』(中央公論新社)にまとめられている。

君に「親友」はいるか

最後に、もう一題、京大らしい問題を解いてみよう。

何が京大らしいかというと、お金や権力ではなく、「いかに深い教養を抱いているのか」、それに最も価値を置いた文章だからである。

問題文は、山口剛が友である歌人・秋草道人《しゅうそうどうじん》の第一歌集『南京《なんきょう》新唱』（大正十三年十一月、春陽堂）に宛てた序文である。秋草道人は号であり、本名は会津《あいづ》八一《やいち》という、早稲田大学名誉教授の東洋美術史学者である。「序文」を出題するということも面白いが、その序文自体がレトリックを駆使した、深い教養を思わせるものである。当時の八一は、歌人としては無名であった。そんな親友に対して、憎まれ口と思われる「最大級の賛辞」を送っている点に、山口剛の友人思いな一面を感じさせる。

逆説的表現を駆使したこの文章は、京大の過去問の中でも特に難問だと言える。近代文語文も、いや、近代文語文だからこそ、より論理的な読解が必要だということを再度確認してほしい。

問題文

友あり、秋草道人といふ。われ彼と交ること多年、淡きものいよいよ淡きを加へて、しかも憎悪の念しきりに至る。何によりてしかく彼を憎む。瞑目多時、事由三を得たり。

彼、質不羈《ふき》にして気随気《き》儘《まま》を以て性を養ふ。故に意一度動けば、百の用務も擲《なげう》つて、飄然去つて遠きに遊ぶ。興尽き財尽く、すなはち帰つて肘《ひじ》を曲げて睡る。境涯真に羨むべし。かかる身のほどは駑馬われの如きも、つねに念じて、なほたえて果さざるもの、彼、遥にわれに先じて、大に駿足を誇る。これ憎まざるべからざる理の一つ。

彼、客を好みて議論風発四筵を驚かす。されど、多くは衷心の声にあらずして消閑一時の戯なるに似たり。彼が相対して真情を吐露せんと欲するは、ただ奈良の古き仏たちか。彼慈顔を仰ぎて大に語るあらんとす。諸仏、何の意か顧る所なし。彼、悄然としてうたふらく、「ちかづきてあふぎみれどもみほとけのみそなはすともあらぬさびしさ」と。われ聞いて、ひそかに掌を拍つてよろこぶ。されど、一度われと語る時、彼、何の心を以てわれに対するかをおもへば、意平ならざるものあつて存す。これ憎まざるべからざる理のふたつ。

彼、自ら散木を以て任じ、暇日多きを楽んで悠々筆硯の間に遊ぶ。俗才、世路に彷徨するわれの如き、羨望ために死せんとす。しかも、その書を展し、その詠を誦するや、吾ただ妙と称して羨むことなし。けだし天資おのづから異なるあるを知ればなり。

彼がみづからを信ずるやあつし。いはく、われ古人を見ざるをかなしまずして、古人のわれを見ざるを古人のためにかなしむと。われもと訓詁註疏に専なるもの、つねに古人をこれ貴しとなす。彼、平然としてあが仏を無みす。われ古人のために彼を憎む。

われもまた芸術の士のこの気魄なかるべからざるを解す。故に必しも憎むこと深からず。されども、彼が、世の歌の奇なるもの、巧なるものを排しながら、世の奇工のすべてを詠中に蔵するを憎む。俳家繊細の工夫を藉《か》り来りて、しかも蔽《おほ》ふに万葉素朴の風格を以てするを憎む。作者知つて然るか、知らずして然るか、未だ知らず。われはただその歌とその言の相背くあるを知る。

大極殿址は南京古墳の雄。行人誰か感慨無量ならざるを得ん。われ往日ゆきとぶらうて、空しく涙して帰れり。道人の如き、まさに吟詠百首、わが無能を償はざるべからず。何ぞ知らん、彼詠みすてていふ、「はたなかのかれたるしばにたつひとのうごくともなしものもふらしも」と。つひにみづからに触るるなくしてやむ。何等の老獪ぞ。これを憎まずして、世にまた憎むべき何ありや。

道人、今斯《かく》の如き歌九十三首をあつめて一集をなし、われに序を徴す。道人すでにわが不文を知つて揶揄一番するか。以て大に憎むべし。

われ彼の憎むべき事由を数へ来るやつひに三ならず。五、六また七、いよよ出でて徒らに彼を大にし、われを小にす。われいかでか堪へん。如かず、筆を擱《お》かんには。

出典：山口剛「南京新唱序」（中央公論新社『山口剛著作集 第六』所収）

（注）秋草道人＝本名、会津八一（一八八一－一九五六）。美術史家。歌人。書家。早稲田大学教授。
散木＝役に立たない木。無用の存在にたとえる。

解説

逆説とは、一見誰もが真実とは逆だと感じることを提示して見せ、深く考えると実はそれがある種の真実を表しているとする論理的な技法である。

それはレトリックともいって、表現技法の中でも特に高度で、効果的なものである。わかりやすい例を挙げよう。

「急がば回れ」

急いでいるときは誰でも近道をしようとするものだが、回り道をせよとは、一見真実とは逆に見えるではないか。ところが、よく考えると、慌てるよりも、慎重に事を運ぶ方がかえって早道であるという、ある種の真実を表現している。

なぜ、このような回りくどい表現が必要なのか？

「急いでいるときは慎重にしなさい」と言われたなら、あまりにも正しいので、「そんなこと、わざわざ言われなくても分かっている」と、その言葉は通り過ぎて、胸に留まることはない。ところが、「急いでいるときは回り道をしなさい」と言われれば、一瞬「えっ」となる。この「えっ」という一呼吸が大切で、その後に「慎重にした方がかえって早道だよ」と言われたなら、「なるほど」と納得する。

この問題文の鍵は、**全体としてこの逆説的表現になっていること**を読み取ったかどうかである。

なぜ「彼を憎む」のか？

まずは、この文章全体の枠組みを押さえてみよう。

冒頭に、「友あり、秋草道人といふ」とあり、末尾辺りに「道人、今斯の如き歌九十三首をあつめて一集をなし、われに序を徴す」とあるので、筆者の友である秋草道人の歌集の序文だと分かる。説問に情報は無いので、文中から文章の趣旨を知るヒントを探さねばならない。一から順番に読み進めるだけでなく、ヒントと思しき箇所を最初に探すのもテクニックの一つである。

「われ彼と交ること多年、淡きものいよいよ淡きを加へて、しかも憎悪の念しきりに至る」

普通は友人の処女歌集の序文なのだから、当然、秋草道人を褒め称える文章が来ると、読者はそれを予想して読むはずである。

ところが、いきなり、「憎悪の念しきりに至る」と述べ、読者は思わず「えっ」となる。

さらに、「何によりてしかく彼を憎む。瞑目多時、事由三を得たり」と続く。なぜこんなに彼を憎むのか、しばし目を閉じて考えたなら、三つの理由が浮かんできたというのである。

以下、筆者は彼を憎む三つの理由を述べなければならなくなる。

「秋草道人」はどのような人物か

彼は気ままな性格で、何物にも束縛されず、気が向くとすべての用事もなげうってふらりと出かけて行ってしまう。このような境遇は本当にうらやむべきである、自分もそうなりたいと思っているが、現実になかなか実行できない。これが彼を憎む一つ目の理由だという。

彼は客を好み、盛んに議論をするさま（談論風発）は、その場の客を圧倒する。だが、これも暇つぶしにすぎず、彼が心の内を吐露するのは仏の前だけである。それを思うと、私と語るとき、彼がどういう気持ちで私と対しているのかと、穏やかでない気持ちになる。これが彼を憎む二つ目の理由である。

彼は自分の才能を信じる気持ちが強く、「私は古人（昔の人）に会えないのは悲しくないが、古人が私に会えないのは古人のために悲しむ」と言う。私は古人を常に尊いと思っているので、古人のために彼を憎む。これが彼を憎む三つ目の理由である。

さて、これで彼を憎む三つの理由を述べたのだから、本来はここでこの話は終わりを迎えるはずである。ところが、筆者はさらに彼を憎む理由を述べ立てるのである。そして、これも筆者が狙ったところなのだ。

「一般化した箇所」を読み取る

最後の彼を憎む理由として、筆者は、この「南京新唱」の歌を用いる。大極殿址《だいごくでんし》という古墳を前に、筆者は感無量で何も歌が浮かんで来なかったが、彼は「畑の中の枯れた芝に立っている人は動かない。物思いにふけっているのだろう」と、主観ではなく、他者の目線を用いて、自分がいかに感動しているかを歌って見せた。この才能こそ彼を憎まざるを得ない理由であると述べている。

何と言うことはない、**筆者は結局は秋草道人の歌集を賛美している**のではないか。

ここに来て、初めて読者は筆者の企みに気がつくのである。

「われ彼の憎むべき事由を数へ来るやつひに三ならず。五、六また七、いよよ出でて徒らに彼を大にし、われを小にする。われいかでか堪へん。如かず、筆を擱《お》かんには」

末尾の文である。

冒頭に、彼を憎む理由が三つあると述べた上で、一つひとつ数え上げると、何と三つどころかいくらでも出てきたというのである。

そして、それらを一般化する。これらの理由はすべて彼を偉大にし、それと比べて自分を小さくする。もうこれ以上は堪えきれないから、ここで筆をおくと、締めくくる。

結局は、自分を卑下し、それに比べて友である秋草道人を最大限持ち上げた、「南京新唱」賛美の序文だったのである。

出口厳選　理解が深まる良問

問　全体を通じて、作者の秋草道人に対する気持はどのようなものか。「憎悪」「憎む」という語をあえて用いていることを考えながら説明せよ。

解法

「憎む」という言葉を使えば使うほど、実は友を賞賛する文章になっているといった逆説的表現を理解できたかどうかがポイントである。

さらに、設問要求は秋草道人に対する気持ちを説明することであることにも注意が必要である。

解答

作者が秋草道人を憎む理由は、彼の偉大さを並べ立てることで、自分の卑小さを語ることになっているため、単なる賛美ではなく、親しい間柄だからこそ使える「憎む」という表現で、秋草道人に対する友愛と称賛の気持ちを逆説的に表現している。

最後を締めくくった問題文は、まさに京大ならではの出題であろう。深い教養を抱いている友を持ち、切磋琢磨する。そして憎まれ口をたたきながらもお互いを刺激し合い、さらに教養を深めていく。

今の時代、このような友人関係がどれほどあるだろうか。

この文章の出題者の意図は、「受験生たちにこのような友人関係を築き、充実した学生生活を送ってほしい」という思いなのではないかと、私は思う。

それにしても、この秋草道人、暇つぶしに客を軽くもてあそび、本音を吐露する価値のある友は仏だけだとし、昔の人々が自分を知らないことを悲しむと言い放つ、何て豪胆で凄い人物だろうと、思わずため息をついてしまう。

そして、その友人に序文を依頼され、このような読者を煙に巻く、機知に富んだ文章を書いてみせる筆者も、また深い教養の持ち主に他ならない。

京大が求める学生は、ひたすら偏差値を上げることだけに終始している人ではないはずだ。これまでに読解してきた十二の文章から、京大が求める学生像が見えてきたと思う。

「常識にとらわれない自由な発想を持ち、虚心坦懐に学問に向き合う誠実さを持ち、世俗の権力から離れたところで、広い視野を持って思考できる人材」である。

これらの能力は、京大受験生に限らず、これからの激動の時代を生き抜くために必要であろう。

出題者の、そしてそれぞれの文章の著者たちのメッセージを、深く心に刻んでほしい。

おわりに

つい先日手に取った『西田幾多郎—無私の思想と日本人』（新潮新書）という本の中で、著者の京都大学大学院教授・佐伯啓思氏が次のように述べていた。

もともと、京都大学は、近代日本の国家建設の宿命を背負って生まれた東京大学とはまったく異なった意義をもっていました。それは東大に次ぐ大学なのではなく、東大とは違った大学だったのです。［中略］

東大は常に西洋的なものの最先端を追い、グローバルな世界を見ているし、またそうでなければ困るのです。だからこそ京大は、それから距離をとらなければならないのです。業績主義、成果主義、商業主義はもともと京大には合わないのです。

本書でも繰り返し述べてきたように、京大には、権力や最先端の流行とは離れたところで、静かに、自由な発想を持って学問に勤しむ風土があるのである。

グローバル化の波と、ここ十数年の大学改革によって日本の大学は変化を迫られている。京大には、この「京大らしさ」をぜひ失わないでもらいたい。

グローバル経済の競争に勝つために、英語教育を徹底し、〝グローバル人材〟を育成すること。

これが、近年の教育界の風潮である。

この方針の功罪に関しては、いたるところで議論が交わされているし、紙幅の関係もあるので、ここで語るのは控えよう。

だが、重要なことがある。

世界を真に「読み解く」ための強靭かつ柔軟な思考力というのは、「**虚心坦懐の心持ちで、眼光紙背に徹してテクストにぶつかり、ひたすら考え抜くこと**」を通して育まれるということだ。

それは、日本語だろうと英語だろうと関係ないのである。

そして「入試・現代文」はその基礎的な能力を培うために存在する。

本書で紹介した文章は、著者の方々が苦闘の末に築き上げてこられた功績のごく一部であり、あくまで入り口である。だが、どれもぶつかっていくにふさわしい名文であるし、入り口を抜けた先には、奥深い世界が広がっている。世界を読み解く教養を身につけるきっかけとして、最高のものであると保証しよう。

読者諸氏には、興味を持った著者の方々の原著にも、挑戦してみてほしい。

さあ諸君。勉強をしようじゃないか。その先に豊饒な世界が君を待っている。

出口　汪

文章の出典

澁澤龍彦「玩具のシンボル価値」（大和書房『太陽王と月の王』所収「玩具のための玩具」より）
野上弥生子「ローマに旅立つ息子に」（岩波文庫『野上弥生子随筆集』竹西寛子編 所収）
西田幾多郎「読書」（岩波書店『西田幾多郎全集 第十巻』所収）
寺田寅彦「化物の進化」（中公文庫『怪異考／化物の進化 寺田寅彦随筆集』所収）
森鷗外「妄想」（岩波文庫『妄想 他三篇』所収）
津島佑子「物語る声を求めて」（平凡社『東洋文庫ガイドブック』所収）
安田登「神話する身体」（大修館書店『月刊言語』二〇〇七年九月号所収）
石原吉郎「望郷と海」（みすず書房）
長田弘「失われた時代」（筑摩叢書『失われた時代—1930年代への旅』）
上田三四二「地上一寸ということ」（新潮文庫『この世 この生—西行・良寛・明恵・道元』所収）
福沢諭吉「学問のすゝめ」（岩波文庫）
山口剛「南京新唱序」（中央公論新社『山口剛著作集 六巻』所収）

＊出題時に、出典元からの一部省略や仮名遣い・用字の変更がありますが、本書では原則的に入試問題に従っています。
＊本作品は二〇一四年一一月に小社より刊行されました。

出口 汪（でぐち・ひろし）

関西学院大学大学院文学研究科博士課程単位取得退学。広島女学院大学客員教授、論理文章能力検定評議員、出版社「水王舎」代表取締役。Youtube予備校「ただよび」顧問。Youtuberとしても「出口汪の学びチャンネル」を開設。現代文講師として、予備校の大教室が満員となり、受験参考書がベストセラーになるほど圧倒的な支持を得ている。また「論理力」を養成する画期的なプログラム「論理エンジン」を開発、多くの学校に採用されている。

著書に『出口汪の「最強！」の記憶術』『芥川・太宰に学ぶ心をつかむ文章講座』『日本語力 人生を変える最強メソッド』（以上、水王舎一般書）、『出口のシステム現代文シリーズ』『出口式 現代文新レベル別問題集』『出口式 中学国語新レベル別問題集』『小学生版論理エンジンシリーズ』『はじめての論理国語シリーズ』『出口式みらい学習ドリルシリーズ「ろんり」「絵でおぼえるかんじ」』（以上、水王舎幼児・小・中・高学参）などがある。

「出口汪の学びチャンネル」

だいわ文庫

京《きょう》大《だい》現《げん》代《だい》文《ぶん》で読《どっ》解《かい》力《りょく》を鍛《きた》える

著者 出《で》口《ぐち》汪《ひろし》

二〇二一年七月一五日第一刷発行
二〇二二年一月五日第二刷発行

発行者 佐藤 靖
発行所 大和《だいわ》書房
東京都文京区関口一－三三－四 〒一一二－〇〇一四
電話 〇三－三二〇三－四五一一

フォーマットデザイン 鈴木成一デザイン室
本文デザイン 二ノ宮匡（nixinc）
本文印刷 新藤慶昌堂
カバー印刷 山一印刷
製本 ナショナル製本

ISBN978-4-479-30876-8
乱丁本・落丁本はお取り替えいたします。
http://www.daiwashobo.co.jp